くもんをつかう

創始者の思いを推理する

笠　幸介

はじめに

「くもんのプリントはお父さんが作ってるの？」
「いや、ちがうよ。プリントを最初に作ったのは、お父さんが勤めている会社の会長だよ。今は、教材を作るチームの人たちと相談しながら作っているらしい」
「ふーん、お父さんじゃないのか。じゃあ、その人にいっといて。もう作んないでって」
「……」

長男が幼稚園の頃の話です。プリントが際限なく出てくる気がして不満だったようです。私は、わが子をうまく学習に導くことができませんでした。「長男が、もう教材は作ってほしくないといってます」と報告する勇気もありませんでした。

公文《くもん》という会社は、希望すれば社員が自分の通信教室を持つことができます。子どもの教育にも家計の助けにもなると思って、私は通信教室を開いていました。実際は妻に任せっぱなし。公文式に関しては、あまり知識がないままでした。

思いつきをつぶやく

んなこと言われても

言ったら餓だった？

通信学習も教室も使う教材は同じ

三〇年余り勤めた会社では、主に新規事業にたずさわり、公文式学習法とはかかわりの薄い仕事がほとんどでした。公文式については、会社生活も終わり近くなってから直営教室の指導者としてようやく経験することになります。

この本で伝えたいこと

公文式は自分で学習法を見つけるもの

「魚を与えるのではなく、魚の釣り方を教える」という言葉と同様に、教室ではすぐに解答を教えるのではなく、「自分で気づける」ように指導しています。

KUMON公式サイト「よくある質問」

公文式学習法は、学力だけでなく自習力を養うのを目的としています。自習力とは、「自分に合った学び方を見つけ出し、自分で組み立てる力」のことです。「魚の釣り方を教える」というとすぐに方法を教えるように読めますが、力点が置かれているのは、「自分で気づく」ように指導する点です。公文式教材を使って自力で課題に取り組むことに慣れ、自習の習慣を身につけます。最終的には自分で学び方を組み立てられるようになることがねらいです。

指導者＝公文式教室の責任者の呼び方

ハンドメイド

公文式は、まっすぐに伝わっていない

公文式で学ぶと、自習だけで成績が伸びることにまず驚きます。驚くとともに、それだけで満足してしまうことがあります。もっと大きな成果といえる「他の分野にも活かせる自習力」が身につく前にやめてしまうのです。

公文式教材は自習しやすく作られていますが、簡単に解けるからといってすぐ自習力に結びつくわけではありません。自習力をつけるのはそんなに簡単ではないのです。

私も、指導者を経験するまで自習力について深く考えることはありませんでした。自習力の意義はすぐには実感できるものではないし、なかなか伝わりにくい。このことを、もどかしく感じてきました。教材や指導技術は進歩し続けているにもかかわらず、公文式の考え方は世の中にまっすぐ受け入れられていないのです。

公文式を知って使いこなす

公文式学習法の創始者は、指導者向けの機関誌『山彦』に巻頭言を四〇年近く書き続けました。また、インタビューをもとにした自伝『やってみよう』も作られています。この二つを読むと、創始者がどんなところに力を入れようとしたの

『山彦』は、のちに『やまびこ』と改称

かわかります。公文式をより良く使うヒントが見つかるはずです。くもんで学ぶ生徒には、ぜひ使いこなし、使い倒してもらいたい。これが、『くもんをつかう』とタイトルをつけた理由です。

しっかり考えたつもりでも、現場経験が少ない私の理解は、入門レベルかもしれません。しかし、考えを進めるなかで私が気づいたことは、保護者がわかりにくく感じる点と重なる可能性があります。階段を一段ずつ上るように考えたことは、「世の中と公文式の考えをつなげるのではないか」と期待しました。

まとめた内容はすべて私個人の見方であり、会社の公式な見解ではないことをお断りします。

つかってなんぼ

思い込みかも

目　次

二章　公文式をつかむ …… 43

一章　「くもん」の紹介

こんな会社／こんな教室

会社のなりたち

高校教師をしていた公文公《くもんとおる》が、小学二年の長男のために数学の自習用教材を作りました。一九五四年のことです。長男がよくできると評判になり、自分の子どもたちの勉強もみてほしいと知人から頼まれます。同じように学習させてみて手応えを得た公は、この学習法を世の中に広めようと教室を始めました。

一九六二年には有限会社 大阪数学研究会という会社組織になります。その後、社名変更を経て、一九八三年に公文教育研究会が生まれました。

現在では、公文式学習法のほかに、教育書・知育玩具を扱う「くもん出版」、書写教室を展開する「公文エルアイエル」などの事業が加わっています。

親心

関西発

風変わりな社名

会社の正式な名称は「株式会社　公文教育研究会」です。社名の前半分は、創始者の名字から採られています。

公文という漢字は「くもん」という音と結びつかないらしく、しばしば「こうぶん」と読まれます。創始者の出身地である高知県に多い名前です。

社名の後半分も変わっています。株式会社なのに研究会と名乗っています。「研究会」を「研究所」と書き違えて、「公文教育研究所」宛ての郵便物が届くことがありました。

名称の由来

そのころマスコミで「水道方式」という数学教育の方法がずいぶん伝えられていました。

（中略）遠山啓さんが提唱された指導法で、数学教育協議会（数教協）という組織を作って普及にのり出しておられました。

ぼくはこれに対して「水道方式と公文方式の比較」と題するパンフレットを作って、ぼくの立場を明らかにしたのです。

この時が〝公文〟という名称を使った最初です。

株式会社だったんだ

グループに公文公教育研究所は実在する

一般から特殊へと進む筆算中心の学習法

『やってみよう』二二六頁

マスコミをにぎわせていた「水道方式」との違いを説明するために「公文方式」といったのが、公文式の始まりです。「公文方式」はやがて「公文式」という表現におちつきました。

社内で「公文式はこう考える」といういい方がよくされます。『公文式の主張』というタイトルの本が出版されたこともあります。人格を持たない「式」が考えるのは、レトリックとしてはあり得るかもしれませんが、不思議な気もします。「公文式」がまるで会社を表すかのように世の中に浸透したので、あえて「公文式の主張」とか「公文式はこう考える」といういい方をしているのかもしれません。

四つの特徴

公文式教室の指導はどこも共通していますが、教室の外観はさまざまです。ビルの一角に入っているところもあれば、一戸建ての自宅教室もあります。フランチャイズといってもコンビニエンスストアやファーストフードのような統一感はなく、共通点といえば水色の看板くらいです。

生徒は週二回、好きな時間に通ってきます。教室では学力に応じたプリントに

違いをはっきりさせたい

そう考えるのか！

にぎやかだったり、こじんまりしてたり

ＫＵＭＯＮブルー

取り組み、一〇〇点に仕上げます。毎回宿題が出され、次に教室に来たときに採点してもらいます。

公文の教室には、学校や他の塾とは異なる四つの特徴があります。

一．年齢や学年にかかわりなく、学力に応じたところを学習する。

ふつう、学校や塾は学年ごとに学ぶ内容が決まっています。一方、公文式の教室では、小学生が高校の内容に取り組んだり、中高生が小学校の内容を学び直したりする光景が見られます。

二．指導者に教わるのではなく、自習で学習を進める。

教室に来た生徒たちは、授業を受けるのではなく各自自習に取りかかります。

三．自習用の教材が用意されている。

公文式では、自習する力を何よりも重視します。教材も自習を前提に作られています。無理なく自習が続けられるよう、教材の難易度が急にあがりすぎることのないように工夫されています。

みんなに一〇〇点

年齢幅が広い

ステップというより
スロープに近い

四．生徒のことをよく知る指導者が学習を見守る。

自習で、先の段階に進む準備が整ったかどうかを生徒自身が判断するのは簡単ではありません。力が定着していないのに進もうとしたり、能力は十分あるのに新しいことにチャレンジしなかったりします。公文式の進め方は、学習を見守っている指導者が判断するのが基本です。指導者は、生徒が自分の力で進む手助けをするコーチのような存在です。

公文式の学習者

二〇一九年三月時点で、日本国内には一六二〇〇の教室があり、一四一〇〇人の指導者がいます。生徒数はおよそ一五九万人です。

一九七二年に始まった海外展開は、五二の国と地域に広がっています。八六〇〇の教室に八三〇〇人の指導者と二六九万人の生徒がいます。海外の学習者は、今では日本国内の生徒数をしのぐ規模になっています。

公文式のはじまり

最初は成績を上げるため

当時、守口市滝井小学校の二年生だった長男の服のポケットから算数のテ

ボクシングのセコンドに似ている？

♪できた！がきこえるせかいからくもん

ストの答案用紙が出てきました。見つけた家内が、成績が振るわないのを気にして、ぼくに勉強を見てやってほしいと言います。

ぼくは、たまたま少しばかり成績が振るわなかっただけで、気にすることはないと思ったのですが、考えてみると、長男には歌を教えたり、本を読むことを勧めたりしていただけで、勉強のことは全く見ていなかったのです。

ぼくにすれば、子供が中学に入った時に初めて計画的な学習をさせればよい、小学校時代は健康第一に、体力を作っておけばよいというつもりでした。

長男は小学校に入る二年前から雑誌の『小学三年生』を読んでいましたし、一年生の時は『小学四年生』、『小学五年生』の二冊、二年生の時は『小学五年生』、『小学六年生』の二冊を毎月与えていました。

国語の力さえつけておけば、本人のためになると思っていたからです。

『やってみよう』一八六頁

公文式学習法誕生のきっかけです。わが子の成績が振るわなかったことを心配する母親に対して、父親はのんびりと構えています。

数学の教師でありながら、歌を教え、「国語の力さえつけておけば本人のためになる」と国語に着目しているところが、ちょっと変わっています。

点数の悪いテストを食べた強者もいる

ごく普通の感覚

ちょっとどころか、大いに変わっている

しかし、家内の言うように、小学校で算数が中位の成績では困りますので、さっそく習っている教科書の問題をさせてみました。教科書はどうやらできるのですが、親が子供の予習復習の面倒をみることはとても長続きしません。そこで市販のドリルをさせることにしました。

ところが、これも親子とも面白くないので続きません。

学校で習っているのは $38+15$ というような問題ですが、こんな問題を私が教えてやる必要はないと考えました。

それよりも、これから先の算数、数学がスムーズにできる状態を作ってやることが大切だと思ったので、今のようなたし算ではなく、38×15 というかけ算の問題になってもできるようになることを目標にして、教え始めました。

こうしてぼくは、長男に毎日、家で計算練習をさせることにしたのです。

『やってみよう』一八七頁

当時の一般家庭と同じように、公文家も母親が子どもの勉強をみていました。本人が自分の力で理解できそうなことは最初から教える気がなかったようです。「これから先の算数・数学がスムーズにできる状態を作る」ために、学年より先

数学教師としてのメンツもあるし

先に進む手応えがないと、つまらない？

毎日やるのが公文式

のことを学ばせる意図が最初からあったことがわかります。これは公文式の大きな特徴です。

一方、「算数の成績が中位では困る」と書いているところを見ると、最初の段階では学校の成績を安定させることがねらいだったと推測できます。

学力が安定しなかった

初夏の頃から始めた家庭学習ですが、三ケタの数を一ケタでわるところまで終った九月頃には、長男の学力も安定してきました。ぼくも息子の相手ばかりもしておれないので、彼が風邪をひいたのを機会に、一応勉強は打ち切ったのです。ところが、三学期になってまたテストの点が悪いことがありました。なにしろ漫画ばかり書いていて、学校の予習復習もやっていない様子でしたからね。

『やってみよう』一八九頁

家庭学習は、公に「もう大丈夫だろう」と思わせるほど効果がありました。「学力も安定してきた」というのは、成績が安定したことを指すのでしょう。それにしても、このときの試みは、現在の公文式とはずいぶん異なって見えます。二桁

効果はすぐに出たが

漫画にとばっちり

のかけ算の筆算をできるようにするという目標からして控えめです。
子どもの「相手ばかりもしておれない」に至っては、後に公文式を広める人物の発言とは思えません。「能力を最大限に伸ばす」という志が感じられず、能力開発に着手できていないように見えます。

うまくいっていたはずの学校の勉強に陰りが現れました。大丈夫と思って家庭学習を止めたら、テストの点数が下がってしまった。何が問題だったのでしょうか。「漫画ばかり書いていて、学校の予習復習もやっていない様子」というところがポイントです。漫画のことを指しているのではありません。公は、学校の予習復習がやれていない点が問題だと思ったのです。

予習復習は当たり前

小学校では予習復習は自分の力でやり、親が手伝うべきでない。学校のことが楽にできるような地力を作っておけば、学校のことでときどき間違うのも子どもには経験と刺激になるからかえって子どものためだ。

（一九六五年　パンフレット）『公文式の原典』一〇頁

この頃は、高進度を想定していない

親が見ないと成績が下がるようでは

「親が手伝うべきでない」のは当然だとしても、「小学校では予習復習は自分の力で」という考え方は一般的でしょうか。私自身のことを振り返ると、小学校のとき予習復習を毎日きちんとやった覚えがありません。

高校教師の公には、小学生が予習復習をしないのが不思議に思えたようです。自分で予習復習ができないなら、成績が安定するわけはない。数学を習得しようとすれば予習復習は当たり前だから、小学生も同じはずだと思っていたのでしょうか。高校の教師によって発案されたところに公文式の特異性があります。

破天荒な試み

ぼくは新たに計画を立てました。毎日の勉強のやり方と進度の設定です。将来の中学以降のことも考えて、算数を方程式で解けるようにしておいてやれば、こちらが面倒をみる時間もさきざき助かるだろうと思って、今度は綿密にプランを立てたのです。

それは次のようなものでした。

①毎日三十分勉強する。
②小学校の成績向上を目標とせず、高校程度まで進める。小学校の教科書は参照しない。

小学生が予習復習するのは当たり前か？

先の目標を掲げる

破天荒と言わずして

③途中でやめると嫌になるので、いつまでも続ける。
④問題は一日分ずつ作成して、夕食前に自習させる。
　このほか、夕食後は一切勉強も勉強の話もしないこと、家内が監督し、採点は夜にぼくがして、間違っていれば必要な注意を書いて渡す、という方針をまず立てたのです。

『やってみよう』一八九頁

　成績を安定させるには、できなかった問題ができるようになるだけでは十分とはいえません。学習を習慣にしなければ、同じことを繰り返してしまう可能性があります。そのための「毎日の勉強のやり方と進度の設定」は大きな意味を持っています。計画の見直しは、目標をはっきり定めることから始めました。
　ところで、「小学校の成績向上を目標とせず」という記述に、まず驚きます。成績向上をめざさない勉強なんて。「高校程度まで進める」を見て、さらに多くの人がびっくりします。小学二年生が高校数学の習得を目標にするのです。親にいわれたからといって簡単に到達できるレベルではありません。目先の成績さえあがればいいという発想ではない。しかも自学自習で達成しようというのです。

自発性がつくまでは

メリハリをつける

旗を掲げる

真のスタート

②小学校成績向上を目標とせず大学の入試問題が解けるようにする。小学校の教科書を参照しない。

（一九五九年パンフレット）『公文式の原典』八頁

『小学生に微積分まで』平凡な児童に対する粗雑な教材による放漫な学習の記録

この一九五九年パンフレットは、前の頁で紹介した『やってみよう』と似ていますが、表現が微妙に違っています。『やってみよう』は一般向け書籍ということもあって、目標は「高校程度まで進める」と控えめです。ところが、パンフレットの目標は「大学の入試問題が解けるようにする」となっています。小学二年生から大学に入る準備を始めようというのですから、さらに過激です。

目標を定め直して家庭学習を再スタートさせた意義は、もっと力説されていいでしょう。テストの成績が悪かったわが子のために、父親が教材を作ったのが公文式学習法のはじまりだといわれますが、この仕切り直しこそが真のスタートです。一度試した結果を見て方針を立て直したところが、公文式の原点だと私には思えます。

もっと高いハードル

パンフレットのタイトルも一筋縄でない

実際はパンフレットの方が先に作られた

初回の試みと再出発後は別物に見える

高校教師の発想

小学校の教育内容をよく知らなかった

ぼくは運よく、長男が算数のテストで成績が振るわなかったことや、小学校の算数教育がどんなものかという知識がなかったために、ぼくなりのやり方で学力を引き上げる機会に恵まれました。

『やってみよう』一九二頁

公が小学校の教育内容を熟知していたら、公文式は生まれなかったかもしれません。「運よく」知識がなかったために、自分なりのやり方で学習方法を考えることができたとユーモアをこめて書いています。

予習復習が必要な目標を設定して学習習慣につなげる

高校教師から見ると、学力を安定させるには予習復習の習慣をつけなければなりません。そのために、大学入学レベルをめざすという破天荒な目標を思いつきます。

小学校の算数は、予習復習をまじめにやらなくても、勘が良ければついていけ

よく知っていたら、
とらわれていたかも

ます。ところが、中学以降、特に高校に入ってからの数学はそういうわけにはいきません。予習復習がどうしても必要になる高校数学を目標に据えて、学習習慣につなげようとしたのです。

高校数学の二つの山

高校数学には習得を阻む二つの高い山があります。

一つは計算力の不足です。このことについては、後ほどお話しします。

もう一つは高校数学の課題の多さです。大学で学ぶレベルは下げられません。そのため高校数学では、課程の後半に難しい課題が集中します。学習課題の増え方が途中から急勾配になるのです。

習得しなければならないことが急に増えるため、予習復習をしないとマスターできません。それどころか、ついていくことさえ難しいのです。

高校教師の公は、このことを熟知していました。一九六三年の『山彦』六号で、「教科書を理解できる高校生は十％にも足りない現状」と述べています。

学校より早めに準備に取りかかる

それでも、工夫すれば対処は可能です。まず、目標をはっきりさせる。目標は

予習復習は、習慣をつけるための特効薬

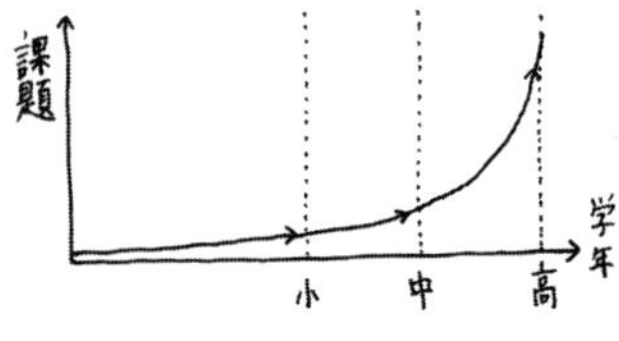

「高校数学を習得すること」と決めます。四則計算や文章題など、高校数学よりずっと手前に出てくる課題を目標にするのではありません。「九九がいえる」「文章題が解ける」「二次方程式が解ける」……このようなことができるようになるだけで満足して次に向かわなければ、高校数学を習得するところまで到達することはできません。

次に、学校より早めに準備を始めます。早めに始めれば、進み方の勾配がなだらかになります。学習課題が急に増える負担を減らすことができます。学年を越えて自学自習で進む力が備われば、自分の意思で早めに準備に取りかかれます。

個別の課題ができるようになることも大事ですが、次の課題に向かい続けることで能力を安定させる方がもっと大事です。公の関心は、「続ける力」つまり「学習習慣」に向けられているのです。

実践からわかったこと

長男の学習経過

第二学年

二月十五日　開始。

二月下旬より　二桁のわり算。

近くの目標ではなく
遠くの目標を設定

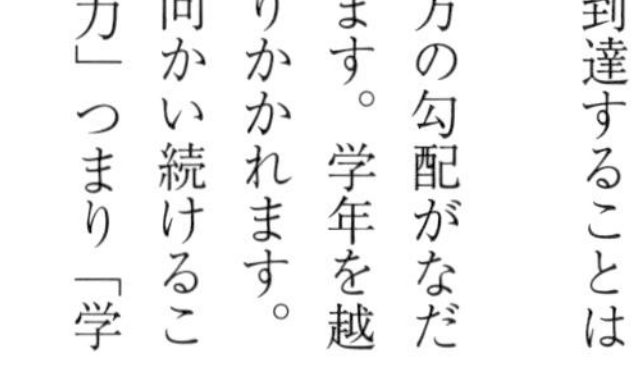

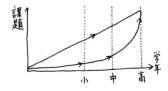

三月下旬　　帯分数と仮分数の相互計算。
四月下旬　　約分。
四月下旬より　分数の加減。
五月下旬より　分数の乗除。

中学校の内容

七月下旬より　正負の数。代数式。
十月　　　一元一次方程式。
十一月　　二元一次方程式。
十二月　　方程式応用問題。
（中略）
第三学年末に三元連立方程式終了。
第四学年第一学期　三元連立方程式の復習。
（中略）

高校の内容

第五学年六月末までに因数分解、分数式、無理式。
第五学年七月から翌年二月までに二次関数、分数関数。
第五学年三月より指数、極限、微積分。
第六学年七月より数列に入りました。

（一九五九 パンフレット）『公文式の原典』八頁

この記録を見ると、小学校の内容は駆け足で習得し、中学高校課程については、それなりに時間をかけて進んだことがわかります。

長男の本音

子どもからすれば、子どもは子どもの都合もあるし(笑い)、父からルーズリーフに書いた問題を毎日やれと言われた時に、私はずいぶん反発をしました。

(中略)

プラスマイナス、公文でいえばG教材に入った時には、まさしく世界が広がったという感じでした。子ども心に、答がないと思っていた引き算に、引いてマイナスの答えが出るということにすごい感動を受けたのです。その後、今のH教材の方程式に入ると、すっかり数学の面白さがわかり、「こんな便利な方法を中学校になってしか教えないのは、絶対おかしい」と子ども心に思いました。その思いがその後、微・積分まで学習を続けていく最大の原動力になりました。

(中略)

こうして六年生の二学期ごろに微・積分まで進んだのですが、率直に言っ

もっともな主張

数の拡張に感心する

先を知りたくなる

て何のことか全然わかりませんでした。ただ計算式が解けるということだけだったのです。微・積分の意味がわかったのはその後、中学校・高校に入ってからでした。

（一九九四年一一月社長教育講演会）『明日《あした》への序曲《プレリュード》』五四 - 五五頁

父親を継いで公文教育研究会を率いた長男の毅《たけし》が、自分の学習体験を語っています。研究会の責任者の発言なので、都合の悪いことはいわないだろうと思われるかもしれませんが、毅は思ったことを率直に発言する人でした。

学習は楽なことばかりではない。父親への反発もあっさり認めています。微分積分の計算はできるが、意味がわかったのはもっと後になってからだったと述べています。多少割り引くとしても、本音の感想とみていいのではないでしょうか。

一方、学年を越えて学習したことの効用も認めています。先に進んで数学の面白さに目覚めてからは、自力で学んだことが先に進むエネルギーになったのです。

無理のない方法

私の不十分な実験の結果を略述してその可能性にもふれてみました。なにとぞ、ご批判をたまわり、私の方法を採用すべき点があると考えられる方々は、

金の斧

身びいきでなく

過剰にへりくだる

ご子弟の能力を無理することなく伸ばされるようなご配慮をいただけたら幸いと存じます。

（一九五九年 パンフレット）『公文式の原典』一〇頁

「不十分な実験」とか「ご批判をたまわり」と控えめな書き方をしていますが、わが子の実践を公表したのは、自信の表れです。

長男が示した結果を「能力を無理なく伸ばす」可能性の一つとしてとらえています。わが子にできたことは、他の子どもでもできるはずだというのです。関心が「可能性を追求すること」に向けられているのがわかります。

先行事例

コラム1　公文公の人となり

知られていないキャラクター

公文教育研究会は創業からおよそ六〇年たち、多くの人に知られるようになりました。創始者の独創的な考え方は人を唸らせます。しかし、創始した教育法に劣らずユニークな本人のキャラクターは世間にあまり知られていません。

公は一九九五年に他界していますから、直接面識のあった公文関係者も少なくなってきましたが、故公会長のファンという社員や指導者は、今でもびっくりするほど多いのです。「趣味は会長です」と豪語する社員もいるほどです。

在職中、私は本人とやり取りすることはほとんどありませんでした。教えを受ける機会がもっとあったらよかったのにと残念に思います。

残された文章から感じ取った印象を、以下にまとめてみました。「あなたには、こういう傾向がありますね」と直接確認したものではありません。あくまで私の想像です。もし存命であったとしても、本人に確かめるほど、私は怖いもの知らずではありません。

還暦

懐かしがって独特の口調をまねる者も

ぼくは子供の頃、母親から、「お前はごくどう者じゃ」と、よく言われたものです。

ごくどうもん、といいますのは土佐（高知）の言葉で、その意味はのらくらしていて、何もしようとしない無精者ということです。

ぼくは母親から、そう言われるたびに、「ごくどうでいける者がいちばん利口じゃないか」と、口ごたえしたものでした。人間苦労少なくして、のんびり一生過ごせるもんなら、これにこしたことはない。ぼくは本当にごくどう者になりたいと思っていたんです。

今でも最小の努力で最大の効果を上げる人間が、本当に賢いんだと思っています。

『やってみよう』六頁

自分が変わり者であったことを隠しません。他の人と違っていることを強調しています。自分は自分であるという主張です。今でもそう思っていると明言しているので、幼いがゆえの考えではありません。

自分は自分以外の何ものでもないという意識が、他の人間も一人ひとり違っていると認める出発点です。人はそれぞれ異なっていること、差があることを強く

一般に言われる「極道」とは違う意味

原点

自分を認めてこそ、他人も認められる

意識しています。

自由人

それまで、学校の勉強はといいますと、先生が黒板の前に立って授業を進め、時どき生徒に指名して、答えさせたり、問題を解かせたりするのですが、勉強とはそういうものであると思い込んでいたのですね。

ところが、この先生は自習せよ、と言う。生徒たちは喜びましたね。何かのびのびできる。一人で教科書を読んだらどうにか分かりますよ。分からなければ聞きにいけばよい。皆どんどんやりました。

『やってみよう』二〇 - 二一頁

小学校時代に、教えない先生と出会って、学校の勉強に対するイメージが一変します。学校は教えてくれるところという思い込みを捨てて自分でやってみる。自分でやってみた結果を、学校で確認する。一方的に教えられることから自由になると、解放感を感じたに違いありません。

伸び伸びとした感じをみなに味わってもらいたい。自学自習を追求したのは、自由を求めるためだったのかもしれません。

こう思い込んでいる人は多い

嬉しさが溢れている

ごちゃごちゃ言わず放っておいてほしい

照れ屋

親からも「分（ぶん）が立たん男」つまり、ちゃんとしたことができない男とか、「ごくどう者」と言われたぼくのことです。人を感心させるような事業などできるはずもありませんでした。

『やってみよう』二五〇頁

公は照れ屋だったようです。自分のことを卑下する発言も目立ちます。立派なことを声高にいうのは照れくさかったのでしょう。

土佐弁に「いごっそう」という言葉があります。反骨精神が旺盛な気骨のある男性を表します。土佐には「いごっそう」といわれるのを誇りとする気風があります。肥後の「もっこす」や津軽の「じょっぱり」に近い感じでしょうか。

公が、自分のことを「いごっそう」と表現したのをあまり見たことがありません。むしろ「ごくどうもん」とか「分がたたん」などと、マイナスのイメージのある言葉を使う傾向がありました。こんなところにも公の照れを感じます。

照れ臭さの裏返し？

いごっそうやきねぇ

私が気づかなかっただけかもしれないが

反骨

公文式というのは他の教育法とちがって、この方式をつくったのが私のような人間なので、今後いくらでも改良できることが最大の強みであります。これがピアジェのように偉い人であれば、教育法そのものは非常に立派な完成したものであっても、それを伝えていくうちにそれぞれの解釈が入ってきて、効果が薄れてくるものです。

（一九八〇『やまびこ』五九号）『公文式の原典』九一頁

公は反骨の人でした。有名な専門家がいうことも鵜呑みにしません。権威をものともしない面が強く出るのは、自ら体験し納得したことだけにもとづいて考えを深めていったからです。その点では頑固でした。

自分の考案したものを世に問うには、自信と押しの強さが必要です。公も、公文式学習法について照れながらも臆面もなくアピールします。ただ、ふつうの自信家と違って表現が変わっています。不思議なユーモアを醸し出しており、独特の表現にニヤッとさせられることが多いのです。

この文章でも、ピアジェの教育法は完成度が高いのに比べ、公文式教育法は完成していないことを認めています。ところが返す刀で、完成されたものはいろい

ここでも後じさり

県民性も多少影響？

二面性

変化球

ろな解釈が入って効果が薄れるが、未完成のものは改良を加えることでいつまでも進歩し続けると胸を張っています。まったく食えません。

非常識

結局、その子供が悪いのではなくて、その子供に「ちょうど」のことを学習させなかった指導者の方が悪いのです。

「悪いのは子供ではない。悪いのは教材であり、指導法であり、指導者なのだ」という考えで、この教育法を実践してきました。

大人のなかにも、「自分が学校時代、数学、英語ができなかったのは、自分の能力や努力が足りなかったからだ」と思い込んでいる人たちがいます。それはとんでもない間違いです。悪かったのは先生です。

「悪いのは自分だった」などと思ったまま、棺の中に入ってほしくありません。

『やってみよう』二五一頁

同時に非常識な人でした。常識がないという意味ではありません。常識にとらわれないという意味です。ふつうの人なら頭から信じ込んでしまいそうなことを本当だろうかと疑い、世の中の常識に流されません。突拍子もないことを口にし、

慇懃無礼

ギクッ!

棺を持ちだして教育を語る人は少ない

敬遠されたり誤解されたりすることもありました。

一方、ユニークな物いいは、人を魅了します。熱狂的な公ファンが存在する所以です。引用した文章も、まるで喧嘩を売っているみたいです。しかし本音は、学習者に責任を押しつけるのではなく、学習を提供する側ができることを、歩みを止めずに追求すべきだという決意を表しています。

他の人がどう思うか
あまり気にしない
決意表明

二章　公文式をつかむ

公文式はわかりにくい？

公文式を支える三本の柱

「個人別」「学年にこだわらない」「能力差」「自学自習」「必要なものだけ」「最小努力最大効果」「計算」「スモールステップ」「復習」「作業力」「ちょうどの学習」「低めの出発点」「可能性の追求」「学年を越える」「変化」「自立」「読書力」「基礎学力」等々。公が書き残した公文式の特徴を集めると、ざっと以上のようなものが挙げられます。あまりにも多岐にわたるため全体像がつかみにくいのです。そのためか、公文式は理解するが簡単そうに見えて、実は、案外わかりにくいといわれるのです。

公文式学習法は、三つの柱で整理すると見通しが良くなります。

一本めの柱は、「一人ひとり異なっている」という見方。

百花繚乱

どの花の美しさも捨てがたく

数字の「三」は据わりが良い

二本めの柱は、一人ひとり異なっているなら「別々に歩もう」という提案。
三本めの柱は、別々に歩むにしても「できるだけ遠くをめざそう」という希望。

一本めの柱「一人ひとり異なっている」

◎可能性の発見

「個々の可能性を発見する」とは違いを認めること

われわれは　個々の人間に与えられている　可能性を発見し　その能力を最大限に伸ばすことにより　健全にして有能な　人材の育成をはかり　地球社会に貢献する

『公文の理念』

公文式は学年を越えて進むことが知られているので、「能力を最大限に伸ばす」という点ばかりに注目が集まりがちです。しかし『公文の理念』には、「最大限に伸ばす」という文言の前に、「個々の人間に与えられている可能性を発見し」という文言が入っています。

一人ひとりが持っている「異なる」可能性に着目するというのが素直な解釈で

発見とは、見出して認めること

違いを認めたうえでどう伸ばすか考える

す。この点を見逃すと公の強烈な主張が響いてこなくなります。子どもも大人も関係なく、一人ひとりが個人として尊重されるべきだという強いメッセージです。

人類には、平等の権利を求めて苦闘してきた歴史があるため、個々の能力が異なるというと過敏に反応する人がいます。しかし、能力差があるという事実は認めざるを得ません。もし能力に差がない世界があるとしたら、人がそれぞれ違っていることを否定する世界です。才能や努力や環境は人それぞれ異なること、能力が発揮される分野もそれぞれ違うことを認めないとしたら無茶な話です。

人には平等の権利が与えられるべきだという主張と、人の能力差を認めるべきだという主張は別の問題です。

一人ひとり異なることを中心に置くと公文式が理解しやすい

「能力差は残念ながら存在する」

（一九七三『山彦』二一号）『公文式の原典』四四頁

「能力差が存在する」は、「人はそれぞれ異なる」と同じ意味なのに、「残念ながら」と遠慮しているところが、ふだんの公らしくありません。

人は多様であると認めることが公文式学習法の大前提であり、能力差を知る活

平等の権利を持つことは、もちろん大事

本来の公なら「当然のことながら」と

動へとつながっていきます。人は千差万別であることを中心に置いてみると、公文式のキーワードがつながります。キーワード同士の関係がわかると公文式の見取り図が描きやすくなります。

二本めの柱「別々に歩もう」

一人ひとりが別々の道をめざすことが、「個人別・能力別」「自学自習」「ちょうどの学習」「学年や年齢にこだわらない」などの発想につながります。

①個人別・能力別

一人ひとりに合わせる

公文式は生徒の能力差をはっきりと見出し、それに応じて最も有効な学習を個人別にすることです。

（一九七九『やまびこ』五三号）『公文式の原典』八二頁

生徒一人ひとりが異なっていることを前提にすると、個人別の対応をめざすのは素直な発想です。ただ、個人別の対応が大事だとわかっても、具体的な方法が

十人十色、百人百様

自分の学習特性を知ることでもある

一斉授業だと個人に合わせにくい

見つからなければ絵に描いた餅です。

個人に合わせる方法として公が注目したのが「ちょうどの学習」です。生徒にとって何が「ちょうど」かを、はっきりさせようと熱心に取り組みました。「ちょうど」の考え方は詳しく説明したいので稿を改めてお話しします。

学年にこだわらない

同じ年齢の子供だから同じことを学習させるということは、各人の素質は一様でないので各個人にとっては不自然にきまっています。

（一九六五『山彦』一三号）『公文式の原典』三四頁

一人ひとりが異なることを認め、それぞれの能力を限定しないで最大限に伸ばそうとすれば、学年にこだわる必要はなくなります。

学年をはるかに越える能力を示す子どもがいる一方、学校で習ったことが定着しない子どももいます。能力の現れ方や変化の仕方は人によって異なります。

靴の大きさに足を合わせるような教育？

学年より上もあれば下がちょうどの子も

②自学自習

もっと早く知りたかった

中学1年になって、方程式を教えてもらった時も、早く習わなかった残念さは格別でした。私は小学校の最後に習った算術応用問題が、数の世界の最高峰のように思っていたのです。その頃に方程式を習っても十分理解できたのに、なぜ教えてくれなかったのかと、非常にもったいない気がしました。その後、高等学校で微分・積分を習った時も、同じような残念さを感じました。

（一九八一『やまびこ』七一号）『公文式の原典』一一五頁

もっと早く習いたかったと痛感する経験を、公は何度もしています。勉強は教えてもらうものと決めつけるのはもったいない。自分で学ぶ方法がわかれば、教えてもらうまで待つ必要はありません。

自学自習が可能性を広げる

子どもを伸ばすというのは、大人が無理に引っ張ったり教え込んだりするよりも、子どもの伸びたがっている気持ちにあわせていくほうが、結果としてはよく伸びるものです。ですから、教え込もうとするのでは限界があり、

「もったいない」は公の口癖

教えられ教の信者になってはいけない

自学自習であれば限りなく高く伸びていけます。
（一九八三『やまびこ』八二号）『公文式の原典』一三二頁

自学自習は、自分で手応えが確認できます。最も個人に合った学習法です。自習でどこまで能力を伸ばすことができるか。公はその可能性を見極めたいのです。子どもの伸びようとする気持ちは各々異なります。一人ひとりの意欲に対応できれば、自然にそれぞれの能力が伸びていきます。

教えてもらうことがすべて悪いわけではありません。「無理に引っ張られたり、教え込まれたり」するのが、公は我慢ならないらしい。自分が望まないのに一方的に教え込まれるのが嫌だといっているのです。

自習は自由

土佐中学の教育方針の一つは、主要な教科は学年相当よりも一学年以上は先へ進んだ学習をさせる、ということでした。力があればどんどん先へ進む。しかも自学自習を奨励して先へ先へ進ませる、という方法をとっていました。

（中略）

このやり方はぼくの性分にぴったりだったんです。学年より先に進んで、

伸びたい、と本人が
思いさえすれば

ひとりでできるもん

土佐中学＝公の母校

早くらくをしたい……。それに、人からやれやれ、とお尻を叩かれたり、教師からああだこうだと、講義を押しつけられるのは大嫌いですから、自分で好きなことをどんどん勝手に進めていってよろしい、という教育方針は本当にぼくには〝もってこい〟でした。

『やってみよう』九頁

自分で好きなことをどんどん進めるのは〝もってこい〟と書いてあることから、公にとって自由がいかに大事かわかります。他人からあれこれいわれるのが面白くないのは、人間の本質だと思っているようです。自分は自習でこんなに自由を感じたのだから、他の人もきっとそう感じるに違いない。

自習教材の作り方

自習しやすく

生徒達が勉強しやすいように段階のゆるやかな自習教材をつくる。多くの生徒達が勉強してきた実例を検討して教材の改訂を進めてゆく。これを私達は15年以上続けてきたことになります。

（一九七三『山彦』一二四号）『公文式の原典』四八頁

自由は土佐の山間より出づ

自習で進みにくいところを直す

学年を越えて学ぼうとすると、授業で教えてもらうのは難しい。学校より遅れた場合も、クラスは先に進んでしまっているので授業には頼れません。個人的に教えてもらう方法もありますが、いずれは、自分の力で進まなければなりません。

自学自習が優れた方法だとわかっていても、すぐに習慣が身につくわけではありません。自習力をつけるには、いくつかハードルを越えなければなりません。公は手始めに、自習用教材を用意しました。

予習も復習も含む

公文式の教材が、平凡な問題の連続であるのは、子どもが自習だけで進んでいけるように、予習・復習分をすべて含んでいるからです。また、「公文式は計算ばかり」と言われる方もありますが、これでも高校の数学で苦しまないですむための、最少限度の計算問題であり、できるだけ早く数学の世界を知り、数学的な考え方ができるようになるための最短路であります。

（一九八二『やまびこ』七二号）『公文式の原典』一一七頁

誰でもいつかは独り立ちする

具体的な手段が要る

公の好きな「最小努力で最大効果」

公文式の自習用教材は、自力で問題を解くだけのものではありません。取り組んでいくうちに自習する態度と習慣を身につけるというねらいが込められています。自習力をつけることをいちばん重視しています。

自習力をつけるには、予習復習する習慣が身につかなければなりません。そのために予習と復習の問題が一枚のプリントのなかに配分されています。

公文式教材は、問題がやさしすぎる、問題数が多くてくどいなどの批判にさらされ続けますが、教材制作の方針は変わりません。公は、自習力をつけるための教材作りにこだわり続けました。

あれもこれもではなく

公文式では学校で教わる内容のすべてをやるのでなく、先で最低限必要なものだけを学習します。そのため教材は1年分の内容をずっと短い期間で身につけられるようになっているのが特長です。

（一九八三『やまびこ』七九号）『公文式の原典』一二九頁

高校教師の公は、高い視点から数学を眺めると学習しやすくなり、力がつくことを知っています。そのために学校より早く進ませようと考えました。

自習を続けるうちに
自然に自習力がつく

ねらいは、とにもかくにも自習

内容を絞り込む

見晴らしがよい

学校と同じ内容を盛り込むと、学校の進み方と同じ程度の時間がかかります。そこで、どうしても身につけなければならない内容に絞りました。それが計算です。

＊最初に開発された教材についてお話しする方が、公文式学習法の特徴がわかりやすいので、しばらくは数学教材を中心に話を進めます。

たかが計算

ぼくは「公文式」を始めて以来、口を酸っぱくして、計算こそ大事なのだ、うちでは計算を教えるのだ、と言い続けてきました。近ごろでもよく相談を受けることですが、「公文式は計算だけですか。うちの子は計算はできるのですが、計算以外の応用問題などの算数を教えてもらいたい」と言われる。ところが、やらせてみると計算そのものができないのですね。できたとしても遅すぎるし、正確さがない。

『やってみよう』一二二頁

「計算」という言葉は、良いイメージで使われることは少ないようです。「計算高い」とか「計算ずく」といわれて嬉しい人はめったにいません。「計算だけの

公文式英語・国語も基本的な考えは同じ

公文式で要求する計算力のレベルは高い

問題だ」といわれると、言外に本質的ではないという含みを感じます。

実際、「公文式は計算だけだから使えない」「計算しかやらないと思考力が育たない」といわれることが多いのです。「計算」が気の毒で、もらい泣きしそうです。私は声を大にしていいたい。「悪いのは計算ではない」

高校の教員をしていた公は、生徒の学力をよく知っています。「たかが」と軽んじられる四則計算すら、はやく正確にできない中高生は多い。大学生の計算力もかなりあやしい。まさかと思われるかもしれませんが事実です。

実際は、高校に入るずっと手前、小・中学校の頃から少しずつ遅れ始めています。逆にいえば、計算に絞って十分に練習し、確実にはやくできるようにしておくと、高校数学はずっと楽に習得できます。

もちろん、数学は計算だけでできているわけではありません。しかし、正負の数・代数式・方程式・因数分解・分数式・無理式・関数・指数・極限・微分積分・数列など、生徒第一号の長男が習得した中学・高校数学の主な内容は、計算を中心に学んだものです。中学・高校数学の中で計算が占める役割はそれくらい大きいのです。

計算の無念を晴らしたい

思い当たっても気づかないふり

計算の濡れ衣を脱がせたい

計算は自習向き

高校生の授業の際、生徒の理解も悪くすぐに忘れてしまう理由は、黒板に何でもない計算のつもりで教師が書いていったとき、その計算についていけないからだということが段々判ってきました。

（一九六五年 パンフレット）『公文式の原典』一二頁

公が計算に着目したのは、高校数学のほとんどが計算で学べるからです。しかし、それだけではありません。計算に絞った方が、多くの人に使ってもらいやすいという公の「計算」が秘められています。

「文章」と「計算式」を比べてみましょう。

書かれた文章を読んでいて、前の文と後の文のつながりがわからなくなることがあります。文章の流れが追いにくくなることがあるのです。文法的には正しい表現でも、読み手を迷わせることなく結論へ導くのは、そう簡単ではありません。

一方、計算式は、処理さえ正しければ結論に至るまでの筋道を誤解なく示すことができます。計算の持っている単純さの長所です。

単純な計算を繰り返すうちに式は思わぬ変化を遂げることがあります。計算に

計算できないと意味もわからなくなる

計算の特異性

文章に原因？　読み取り方に原因？

は、単純な手順を繰り返しながら複雑な内容を説明できるという特質があります。

計算は、手順さえあやまらなければ誰でも同じ結論に至ります。この安定性がなければ、理数系の知見は人類の共有財産にならなかったでしょう。

式の計算は、ふつう、短いステップを等号（＝）でつなぐことで進められます。等号と等号で挟まれた一つひとつのステップでは、たいていは暗算できそうな単純な変形操作がおこなわれます。

操作は単純ですが、注意深くおこなわないと正しい答えになりません。たった一つのセミコロンがプログラミングの成功と失敗を分けるのに似ています。

ステップで区切られていること、ステップごとの操作が単純であること、ステップの見直しが容易であること。これらのおかげで、計算は自習用の素材として優れています。

計算がはやいだけでは不十分

計算力というのは計算が早くできることだけではありません。

①正確に計算できること。

②自分で誤りを発見できること。

計算は裏切らない

まるで単文をつないでいくよう

良いこと尽くし

軽々しく計算力があるとは言えない

③誤りを早く直すことができること。
この条件が揃わないと計算力があるとはいえません。そこに到達することは、そんなに容易なことでなく、これが算数学力の基礎になるものです。

（一九六〇『山彦』二号）『公文式の原典』一七頁

公文式がめざす計算力は高度です。答えを出すだけでは十分ではありません。先の三つの基準からみると、計算力が十分でないケースは想像以上に多いのです。その結果、高校数学についていけない生徒が生まれます。特に②の「自分で誤りを発見できること」、③の「誤りをはやく直すことができること」が身についていないと、高校数学を順調に学習することは難しい。公文式の指導者が、ミスを「自分で発見すること」と「はやく直せること」をしつこく要求する理由です。

まだある教材の工夫
ステップが細かいわけ

今日の1枚は昨日の1枚よりほんのわずかしか程度が上がってない。またこの1枚1枚は理解を楽にするというより必要な既習事項を忘れさせないこと、すなわち「定着性」をなによりも重視しました。自習教材としては、前

高いハードル

誤りが見つけられれば、能力は高い

連番の教材の差がわからないほどわずか

のことを忘れてしまっては動きがとれなくなるので定着性が重視されるのは、当然でもあります。

（一九六八『山彦』一七号）『公文式の原典』三九頁

教材作りでは、学習者の理解を助けるためスモールステップをよく採用します。ところが公は、「理解を楽にするというより、必要な既習事項を忘れさせない」ためにステップを細かくするといっています。自習を続けていくには、学んだことが定着する必要があります。いかに自習が重んじられているかわかります。

テスト形式

公文式のプリントは、すべてがテスト形式です。よけいな解説に時間を使わず、生徒の集中を妨げないで課題に取り組ませたい。テストというと身構えがちですが、真のねらいは、点数をつけることより、学習状況をこまめにモニターすることです。指導者は、できるだけリアルタイムで学習結果を把握したいのです。

テスト形式のおかげで、プリントが採点に提出されるたび生徒の学習状況がわかり、進捗に応じた指導をおこなうことができます。

学んだことが使えるようにする

ぶっつけ本番

結果がすぐわかる

定期試験で状況がわかっても遅すぎる

教材の使い方

復習のさせ方

　一度間違った問題は別に書き抜いて後日勉強させ、その時間間違ったものは再び勉強させるということにして進みました。一般の場合にはその方法は面倒なので　＊Ｅ４０＊まで進んで間違いが多くなったというときには、次にＥ４１に入らずにＥ２１から復習というように、場合によっては同じ教材を二度、または三度と繰り返します。

（一九六五 パンフレット）『公文式の原典』一一頁

＊６Ａ～２Ａ教材は幼児、Ａ～Ｆは小学生、Ｇ～Ｉは中学生、Ｊ～Ｐは高校生に相当します。Ａは小学一年、Ｂは二年、Ｃは三年、Ｄは四年、Ｅは五年、Ｆは小学六年生レベルです。教材はレベルごとに二〇〇枚あり、一〇枚ずつ糊づけされています。

　公も最初は、間違った問題を書き抜いて復習させていました。しかし、このやり方は書き写すのが面倒です。そこで、プリントが難易度順に並んでいることを利用して、少し易しいレベルの問題も含めて復習することにしたのです。

重ね塗りの要領

６Ａ→５Ａ…→Ａ→
Ｂ…とレベルアップ

似たタイプの易しい
問題が見つかる

解くのが難しいと感じるのは、間違えた問題に直面して急に起こることではありません。少しずつ調子が悪くなっていたのが、その問題でミスにつながるというケースはよく見られます。

また、自力で解けたとしても、楽々できたとは限りません。慣れていないタイプの問題は、先に進んで苦しくならないよう、すらすらできるまで練習した方がいい。

この方法のおかげで、次のレベルに挑戦するのに必要なトレーニング量が確保されるようになりました。

復習で自習力をつける

特徴らしいもののないうちから、特徴をあげてみますと、「復習による自習形式」ということになるのでしょうか。私がこの教材を作ったのは、子どもたちに「教えられなくても自分で何とか進んでいける」ということを知らせてあげたかったからです。この学習法は、「ほとんど教えないで、教材を進んでいく」ことが大切です。少々困っている問題でも、教えてあげるよりは、前のところを復習させてみると、かなりラクに進んでいけます。

（一九八二『やまびこ』七二号）『公文式の原典』一一七頁

スポーツの世界では当たり前

教えられなくてできると自信がつく

多くの人は、勉強は教えてもらうものと思い込んでいるため、自習で学年を越えるのは難しいと決めつけがちです。経験もなく方法もわからないままでは無理もありません。

新しい世界を難しく感じるのは、課題そのものの難しさによる場合もありますが、学んできたことがすらすらできるようになっていないのが原因のことも多いのです。繰り返し練習することで確実さや速さが備わってきます。問題に自信をもって挑めるようになると、少し先のことも自分の力で取り組めると思えます。

復習は、そのレベルの問題ができるようになるためだけでなく、そこを越えたところへ進みたいと思わせるためにおこないます。

何回復習すればいいのか

公文式は、「標準完成時間」という時間の目安をプリントごとに設定しています。この時間の目安は復習を判断するひとつの基準ですが、それも絶対ではありません。実は、復習が必要かどうかを自分で知る方法があるのです。

元同僚のお子さんAくんの話が参考になります。Aくんは幼いころ、本は好きなのに数字に関心を示さず、とても理系向きとは思えなかったそうです。しかし、

新しい世界をそんなに恐れなくてもいい

良い復習は、意欲を生む

標準完成時間＝プリント毎の目安時間

大学では航空工学を学ぶ

やがて数学に手応えを感じるようになり最終教材まで進みます。以下は、Aくんと高校生の従弟Bくんの会話です。

Bくん「高校の数学の授業はわかるけれど、テストでミスをしてしまう」

Aくん「学校で指定されている数学の問題集をどんな風に使っているの？」

Bくん「どんな風っていわれても……一応解いて、間違えた問題は解き直すけど……」

Aくん「復習のやり方を工夫した方がいいね。学校で指定された問題集は基本問題が多いだろう。基本的な問題だからこそ、きっちり仕上げる必要がある。問題文を読んだら一気に解答が書けるくらいに仕上げる。短時間で式が思い浮かぶかどうかが目安だよ。基本的な問題は、一気に解けなければ練習が足りない。五回でも六回でも繰り返す必要がある。逆に一気呵成に書けるようなら回数を減らしてもかまわない。

大学の数学の講義では、先生が書く式は途中が省略されることが多い。何行もの途中式が想起できなければ授業についていけない。次の式が瞬時に思い浮かぶくらい習熟しないといけないんだよ。

きみも公文のプリントをやったことがあるだろう。数学だけじゃなくて、

きちんと仕上げるために復習する

ぶつぶつ言いながら式を書く先生が多い

国語も同じだよ。a面を見返さないとb面の設問に答えられないようなら、まだ力がついていない。b面の設問を読んだらすぐ解答に取りかかれるくらいに仕上がったら、復習ができたとみていい」

Aくんは公文式の学習を通じて、力を定着させる方法を見つけていたのです。

③作業力

数学は解くのに時間かかかってもかまわない？

私は25年前には、「語学は速くわかるべきものであるが、数学は考えるものだから、少々時間がかかってもかまわない」と思っていました。ところが数学でも簡単なことが速くできることが非常に大切だということがわかってきて、私たちの会でも一昨年あたりから、学力以前に作業能力が必要であるということがはっきりとしてきました。

（一九八一『やまびこ』六六号）『公文式の原典』一〇二頁

一九八一年の二五年前というと、長男のために教材を自作して成果が出始めた頃です。そのときは公も常識にとらわれていて、数学は考えることが大切だから多少時間がかかってもしかたがないと思っていました。しかし、ある程度のスピー

覚えるまで至らなくてもa面を意識する

こう考える人は多い

ドで計算できる作業力がついていなければ、考える能力があっても、数学そのものができないと思い込んだり、嫌いになったりしかねません。

作業は侮れない

もっとやさしいところをもっと多くさせる、勉強といわずに作業と思い、作業量を増やすことでもって、子どもの能力をかなり高めてやれることになります。

（一九七九『やまびこ』五五号）『公文式の原典』八六頁

計算ができないだけで、数学を遠ざけてしまってはもったいない。これに気づいた公は、学年を越える手段として作業力を高める指導を追求します。

教育の世界では、「作業」という言葉はあまり評判がよくありません。頭を使う活動ではないというイメージがあるからでしょうか。機械的に結果を出すことのように受けとられています。

公は、マイナスイメージがある言葉でも平気で使います。能力を高める方法として使えるものは何でもかまわないという構えです。

作業の効果としてわかりやすい例が、「ぐちゃぐちゃ描き」です。幼児は、新

考えどころで考える余裕が欲しい

易しいと、心理的に楽に感じる

作業は準備運動の代わりになる

大好きな幼児は多い

聞やチラシの裏にするぐちゃぐちゃ描きを勉強とは思っていません。遊びの感覚です。たくさん描けば描くほど手指の巧緻性が磨かれ、気がつくと、思い通りの線が引けるようになっていきます。遊びも作業も侮れません。

勘の良い生徒は、考えて問題を解くことを繰り返すうちに、意識しなくても作業力を身につけます。子供の頃に数学が得意だった保護者は、自分が苦労しなかったこともあって、かえって作業力の重要性を軽視しがちです。

作業力がついてくると、新たに学んだルールを意識しないで自在に使えるようになります。文法を意識しないでも日本語が話せる感覚です。公文式は、作業力について、それくらいの習熟度を要求するのです。

④標準完成時間

すらすらできる目安

公文式の指導が失敗しているか、うまくいっているかの判断は、その子が楽しく学習しているか鉛筆がスラスラと運んでいるかにあり、これが標準完成時間であります。

（一九八二『やまびこ』七二号）『公文式の原典』一一八頁

自分は苦労しなかったからといって……

ちょっといかめしい六字熟語

前にも触れたように、公文式は、プリントごとに「標準完成時間」が設定されています。すらすらできる状態なら、ほとんどの場合、標準完成時間以内に解けています。そのため、標準完成時間を目安に復習が必要かどうかを判断することが多く、標準完成時間内に処理できれば、次の課題へ進む準備が整ったと見られます。

ただし、時間の要素だけで復習を決めるのではありません。新しい課題を自習で進めることができるかどうかの判断が優先します。標準完成時間以内に仕上がっていなくても、楽に学習を続けることができる生徒だと見極めがつけば、指導者は先に進めることがあります。

時間の幅

同じ教材を学習していても、子どもによって本質的な感覚の差というのはあり、先に進みやすい子どもとそうでない子どもとの差があります。そのため公文式では完成時間の幅をもうけており、感覚の低い子どもはらくに進めるように、完成時間をみじかめにして、作業能力でカバーしていくようにしています。

このことにより、感覚の低い子どもでも、学年より先に進んでいくことが

次の課題も自習で進む見通しが立つ

注意深く読まないと読み飛ばしそう

できます。

（一九八三『やまびこ』八二号）『公文式の原典』一三一－一三三頁

標準完成時間は「二～四分」のように幅が設けられています。一枚を一〇〇点に仕上げる時間が二分より短ければ次の課題に進む。四分を超える場合は復習を考える。二～四分なら、進むか復習するかを指導者が判断する。これが原則です。ところで、「感覚の低い子どもはらくに進めるように、完成時間をみじかめにして、作業力でカバーしていく」と書かれています。先ほどの例でいえば、二分以内という基準を使うというのです。

さらっと書かれているので気づきにくいかもしれませんが、驚くべき記述です。力の弱い生徒は甘めにみてやろうというのが、ふつうの考えではないでしょうか。先の例でいえば、四分の基準を使いそうなものです。

公の考えはそうではありません。標準完成時間は、課題が仕上がったかどうかを判断するというより、次の課題に進んだとき、楽に学習を続けられるかどうかを判断するために使うのです。能力が追いついてない子には、先に進んで困らないよう事前に十分な練習をさせます。

のみこみが悪いからといって、そこで止まったら能力が伸びません。何とかし

幅を設けているところが憎い

つい情けをかける

先の状態を予測するための標準完成時間

て先に進める方法を探します。その足がかりになるのが作業力です。十分な練習を積みながら先に進めば、能力そのものが次第に変化していきます。

⑤「ちょうど」の学習

「ちょうど」のレベルが能力を伸ばす

公文式の第一の特長というのは、個人別・能力別のやり方で、その子にちょうどの学習をしていくことです。子どもの能力はいつも変化しており、その時々に応じてちょうどの学習をしていくことが、子どもをさらに伸ばします。

（一九八三『やまびこ』八二号）『公文式の原典』一三二頁

子どもの能力はたえず変化します。公文式学習法は、変化する生徒の能力レベルに対して、難しすぎず、易しすぎない「ちょうどの学習」を用意します。ちょうどの学習を続けると学習意欲が維持され、能力がさらにあがります。

「ちょうど」の見極め

世間一般が思っているちょうどが、本当のちょうどだとすると、公文式のちょうどは独断と偏見になります。しかし、教え込もうとするのではなく、その

のみこみにくいところも人によって違う

学習を続けると伸び、遠ざかると停滞する

変化をとらえるのは案外難しい

子にあわせていくようにすれば、公文式のちょうどが本当であり、世間一般のちょうどは独断と偏見であることがすぐにわかります。

（一九八四『やまびこ』八四号）『公文式の原典』一三五頁

生徒にとって「ちょうど」かどうかは、そう簡単に見極められません。入会時に教材のレベルを下げて出発したり、必要な復習を繰り返したり、学年を越えて学習したりすることは、必ずしも生徒や保護者に歓迎されているわけではありません。

指導者は、生徒に「ちょうどの学習」を提供しようと努めますが、生徒や保護者の希望とは一致しないことも起こります。指導者は、目先の効果ではなく、生徒に自習の習慣を身につけさせる方に常に重きを置きます。

頭をフル回転させる「ちょうど」

＊公文式の特長＊の〈10〉に「可能性の追求ができて、しかる後『ちょうど』がある」と書いています。つまり、「ちょうど」とは、いつもらくにできるという面ばかりではなく、そのとき持てる能力の100％を発揮しながら、しかも自習で継続していける「ちょうど」の進度という面もあるのです。

自力できる「ちょうど」が必ずある

進度よりも自習できるかどうかを重視

たまには汗をかいてみる

（一九九三『やまびこ』一四二号）『公文式の原典』二二五頁

＊「公文式の特長」は、公文式について公自身が作成したメモです。特長だけでなく、希望、目標、方法、スローガンなど、いろいろな内容が含まれます。メモの最初の方には、公の関心の高い項目が並んでいます。時折加筆改訂され、メモの順番が変わることもありました。

「ちょうど」というと、楽な学習のイメージを持つ人が多いかもしれません。しかし、本当に力をつけるためには、楽なことだけを繰り返すのではなく、持っている能力を十二分に発揮する経験も必要です。

公文式教材は、学んできたことを総動員すれば解答できるように作られているので、能力を一〇〇％発揮してプリントに取り組むようにします。一〇〇％というのですから、いつも楽々というわけにはいきません。特に学年を越えたところは、生徒がふうふういうこともあるはずです。

公の関心が一番素直に反映されている

いくつもの峠を越えて進む喜び

進化する「ちょうど」

自分で誤りを見つけることができる「ちょうど」

学習事例が増えるにつれ、「ちょうど」を見極める研究も進みました。「ちょうど」の追求が、どんなふうに進化してきたかを振り返ります。

> どんな子供に対してもそれぞれの能力に適した問題（子供が誤答しても✓をつけて返せば自分の力で誤りを発見できる程度のむつかしすぎない問題）を与える、子供は100点になるまで自分で誤りを見つけて書き直す、こんな指導法が子供に着実な実力をつけるからでしょう。
>
> （一九六四『山彦』一〇号）『公文式の原典』二六頁

「それぞれの能力に適した問題を与える」という表現は、公が早い時期から「ちょうど」の発想を持っていたことをうかがわせます。「誤答でも✔をつけて返せば自力で誤りを発見できる程度の難易度」と、ざっくり定義している点が面白い。

計算力のところでもお話ししたように、公文式は、間違いを自分で発見でき、自分で直せる力を大事にします。それができないようなら「ちょうど」のレベルとはいえません。

「ちょうど」の歴史

公は具体的な指標を示すことが多かった

「理解力のちょうど」と「作業力のちょうど」

ちょうどの学習の見方ということでいきますと、理解の面が〝ちょうど〟であるだけでなく、作業の面からも〝ちょうど〟をみていくことが必要です。
（一九八六『やまびこ』九九号）『公文式の原典』一五六頁

「ちょうど」の追求が次の段階に進むと、理解力と作業力という二つの面から「ちょうど」を見極めるようになります。

一．「理解力のちょうど」は、得点からわかります。自力で正解に至ることができれば、理解力があると判断されます。

二．「作業力のちょうど」は、課題を一気に仕上げられるかどうかでわかります。プリントを仕上げるのにかかった時間で判断します。同じ一〇〇点でも、一〇分でできる場合と一時間かかる場合では、作業力に大きな差があります。

ふつうは「理解力のちょうど」と「作業力のちょうど」を同時に満たすかどうかで、復習が必要か否かを判断します。

ところが生徒によっては、作業力が完璧でなくても先に進めることがあります。

「ちょうど」の進化

二つの条件を満たす「ちょうど」

十分に理解できており、やがて作業力も伴ってくると期待できるような場合です。
一方、理解できているようでも、先に進めたら作業力の不足が負担になりそうな生徒には、作業力をつける練習を十分させるのです。この運用は、標準完成時間に幅が設けられているのと似ています。

学習態度をどうとらえるか

頭か態度かということになると私は態度さえ良ければ、学力がつくものと信じます。

（一九六五パンフレット）『公文式の原典』一三頁

ここでいわれているのは「親にそんな態度をとるもんじゃない」というときの態度ではなく、ものごとに臨む心構えや姿勢を指します。他の言葉に言いかえると「意欲」に近いでしょうか。
公は、創始段階から、態度が学習に大きな影響を与えることを意識していました。

能力差＋態度差＝学力差

上級学年になると態度差の中に意欲の差まじめさだらしなさがかなりの部

親によく言われた

能力があっても学力の伸びは態度次第

分をしめてくるようになる。

（一九七三『山彦』二一号）『公文式の原典』四五頁

態度を重視するものの、最初は、態度と能力は別のものと考えていたようです。能力に態度の要素が加わって学力が形成されるととらえています。意欲的な態度で学習に取り組むと学力が向上するという、ごくふつうの見方です。

「態度形成のちょうど」が加わる

子どもにとって、現在与えられている内容が「理解のちょうど」か、「作業力のちょうど」か、さらには学習態度をつくる「学習態度形成のちょうど」（特長〈4〉）かをしっかり見極めて指導していかなければなりません。「理解のちょうど」ばかりでも、「作業力のちょうど」ばかりでも最善の指導とは言えません。

（一九九三『やまびこ』一四二号）『公文式の原典』二二五 - 二二六頁

次の段階に進むと、「理解力」や「作業力」に加えて「学習態度形成のちょうど」という見方が導入されます。「学習態度形成のちょうど」が『やまびこ』に記載されたのは一九九三年ですが、「公文式の特長」（七〇頁）では、もっと早い時期

当たり前のこと

ニューフェイス

系統の異なる基準

に取り上げられています。公は、推し進めたいと思うテーマを先駆的に「公文式の特長」に書き加えることがありました。

「学習態度形成のちょうど」は、新たな課題に「自習」で積極的に取り組めるかどうかで判断します。ヒントを求めて例題を写したり、問題文を丁寧に読んだり、ミスから手がかりを探したり、教材のあらゆる情報を使おうとしているかどうか。はやく解くだけでなく、読みやすい答案を書くことを心がけているかどうかも判断材料になります。

生徒とのやりとりや表情からわかることもあります。プリントの一枚目ができたら提出してもらい、意欲をもって自習できているかどうか確認する指導者もいます。

「態度形成のちょうど」はわかりにくい

ここで改めて強調しておきたいことは、公文式でいう「ちょうど」というのはあくまで「進度（学力）のちょうど」であるということです。「気持ちのちょうど」などという言い方などもときどき聞きますが、それはしっかりと定着した学力を保証するキッチリした「進度のちょうど」があってはじめて言えるのだということを、今一度確認しておきたいと思います。

（一九九五『やまびこ』一五二号）『公文式の原典』二三二頁

一九九五年に不思議な一文が掲載され、「気持ちのちょうど」が紹介されます。「気持ちのちょうど」は「進度（学力）のちょうど」があって初めていえると書いていますから、単独で使える基準ではないようです。

「気持ちのちょうど」と「学習態度形成のちょうど」は、私には似たものに見えます。両方とも、自習する意欲に関することだと思われるからです。ということは、「態度形成のちょうど」も「進度（学力）のちょうど」があって初めていえることになります。

「理解力・作業力」と「気持ち・学習態度」はグループが異なります。気持ちも態度も能力とみなすことは難しい。気持ち力とか態度力といういい方はしません。

能力は、易しいものから高度なものへ順に獲得するのが一般的です。したがって、どの程度まで理解しているか、どの程度まで作業できるか、進度で示せます。

一方、気持ちや態度形成は、それだけでは進度を示すことができません。そのため、「学習態度形成のちょうど」は、何をもって「ちょうど」と判断したらいいのか明らかではありません。何が態度に影響を与えるか、簡単にはわからないからです。学習の様子から、「態度形成のちょうど」になっていないと判断され

助っ人が要る

異なる派閥

ても、次にどの教材を用意すべきかわからないのです。結局、「理解のちょうど」とか「作業力のちょうど」を手がかりにすることになります。

公は、態度が学力に与える影響を重く見ていました。そこで、「態度形成のちょうど」を投げかけてみたものの、みなが使える具体的な指標を見つけることが難しかったのではないでしょうか。「態度形成のちょうど」は、ふだんの公の思考パターンではないように思えます。

⑥易しいところからスタート　意欲を出させる

楽に100点をとれるような問題からさせるようにすれば大抵のこどもは欲がでてくるものである。

（一九七二『山彦』一九号）『公文式の原典』四一 - 四二頁

公文式学習は、学年より下のレベルから始めるのがふつうです。生徒の学習意欲を引き出すためです。このことは、世の中にかなり知られるようになりましたが、出発点に関して保護者から苦情をいわれることは今でもよく起こります。低い出発点をとる理由を理解してもらうのは、なかなか道のりが遠いのです。

進度の調整が難しい

態度を重視する気持ちは理解できるが

生徒は一〇〇点が大好き

「うちの子はできるので、そこまで戻らなくても大丈夫です」という意見が多く、保護者はわが子の現在の学力を高く見がちです。ところが、「学年を越えてどこまで伸びるか楽しみです」と伝えると、「いやいや、うちの子はそんなにはできません。二、三学年先で十分です」といわれることが多い。潜在的な能力については、急に控えめになるのです。

出発点を下げる意味

本人の力に合わせながら学年相当の問題より後戻りしたところから始めるのは、ぼくの方で、この子はどのくらいかかれば学年相当に追いつき、さらに追い越すことができるか、という見通しをつけたかったからです。

一般的に言って自分の子は、できが悪い、とは思っていても、どの程度悪いのか、またいつごろ追いつくのかの見当がつかない親が多いものです。五年生の子で、二年生の所から始めた例もありましたが、親にすればそこまで程度を落とさねばならない、とは思ってもいなかったでしょう。

またある親は分数を教えてやってほしい．と言ってきましたが、分数以前のわり算ができないことを知らなかった場合もあります。

『やってみよう』一九九頁

不思議な現象

指導する方にも後戻りさせたい理由が

公文式はつまずきの原因を探す

指導者にとって、出発点を下げたい理由が三つあります。
一つめは、入会時におこなった学力診断テストで間違えた箇所を復習する。
二つめは、実際に何回か学習を見て、学年に追いつくまでの見通しを立てる。
三つめは、自力で学年を越えられるよう、守ってほしい学習手順を定着させる。

公文式のねらいは「教えられなくても自分で何とか進んでいく力をつける」ことです。学年を越えていても、越えていなくても自習で進みます。自習を要件にしているだけに、単に「できない問題ができるようになる」のに比べて目標が高度です。

自力で先に進むには、「問題を正確に読む」「解説を丁寧に読む」「間違いの原因を把握する」「読みやすい字を書く」「解答のレイアウトをわかりやすく工夫する」などの基本動作が、呼吸するように当たり前にできなければなりません。この基本が身について初めて新しい課題に自分の力で向かっていくことができます。最初から手強い課題に出くわしたら、基本動作の習得に集中するのが難しくなります。

一にも二にも自習、三四がなくて……

意識しないでもできるようになること

学年に追いつく意味

指導者は、生徒が学年に追いつくことに格別の思いを持っています。

指導者は、生徒が学年に追いついたというだけで喜ぶのではありません。学校レベルの問題が解けるようになったからといって、大丈夫と判断するわけではないのです。生徒が自力で未知の分野に立ち向かう力がついたかどうか、学習姿勢ができあがったかどうかで学年に追いついたと判断するのです。

三本めの柱　「できるだけ遠くをめざそう」

「できるだけ遠くをめざそう」という提案は「可能性の追求」「学年を越える」「変化を求める」「自立」などの探求へとつながります。

①可能性の追求

能力差の追求

私達の組織は、各人の能力に応じて学力を伸ばすことを仕事としています。その結果生徒各人の能力差を継続して追求していくことになっています。

能力差の実態をこれ程多くの事例で追求する組織は他に例を見ることはで

指導者の強い願い

♪知らない街を歩いてみたい♪　六＆八

きません。生徒がさらに多くなってくれて、能力差の事例をさらに多く知ることができることは誠に有難いことです。

（一九七二『山彦』二〇号）『公文式の原典』四二頁

「能力差を追求する」といういい方は誤解を招きやすいかもしれません。「追求」とは、何かを手に入れたいと願って追い求めることです。「能力差を追求する」というと、能力に差がつくことを望んでいると受け取られます。

公は、人を不快にさせたくて「能力差を追求する」といっているのではありません。それぞれの差に応じた伸ばし方があるはずだ。伸ばせるものを伸ばすことは各々の世界を広げることになるので、できるだけそうした方がいいといっているのです。能力差を追求するのは、可能性を追求するのと同じことを表しています。

可能性追求のイメージ

私たちの会の歴史は可能性追求の歴史であったし、これからも可能性を追求し続けていくべきであると考えています。私たちが言う可能性の追求とは次のようなことです。

たとえば、一人の人間が初めてエベレストの登頂に成功した。そのとき、「た

おそらく想像を超えるばらつき

それでも追求する

挑戦的な発言の名人だったが

チョモランマ

またまその一人ができたにすぎないのではないか」ではなく、「一人の人間にできることは、ほかの人間にもできるはずだ」という立場に立ち、その一人の事例を綿密に検討しながら、ほかの多くの人間にとっての実現の可能性を具体的に探るということです。

（一九九三『やまびこ』一四一号）『公文式の原典』二二四頁

そこへ到達した人がいるということは、他の人も到達する可能性を予見させます。とてもできないと諦めるのではなく、可能性を追求してみることで、人が後に続きます。それにより、さらに可能性の高い到達方法が見つかるかもしれません。同時に、この一文は、たくさんの人が切磋琢磨することに価値を見出しています。成功事例を多くの人が共有すればするほど、可能性が広がります。

先入観を排す

*『指導についての留意事項』*の表紙の裏に「一《いち》指導者のことば」があります。これは今から１５年ほど前に、実際にある先生の言われたことをもとにしてつくったものです。

この教材を生徒にさせてみたとき、この学習法がいかにすぐれているか、

コロンブスの卵

文殊の知恵

すぐにわかった。わかったつもりであった。しかし、1年、2年、5年とたってみると、私がはじめに予想した学習効果よりさらにさらに高いものがあることに驚いた。これはこの学習法がすぐれたものであるだけでなく、子どもの伸びようとする力が予想以上のものであるからかもしれない。

（一九八五『やまびこ』九二号）『公文式の原典』一四五頁

＊『指導についての留意事項』は、指導者が最低限守るべき指導の基本をまとめたもので、毎年改訂されます。

可能性を追求することとは、子どもの「能力を限定しない」姿勢と結びついていなければなりません。そうでなければ追求とはいえません。この子の伸び方はこの程度のものだろうという決めつけをしないのです。実際、子どもの能力がどんなふうに伸びてくるかは予想もつきません。

「一指導者の言葉」は、社内でよく引用される文章です。百戦錬磨の指導者でも生徒の能力を一〇〇％の精度で予測できるわけではありません。能力を伸ばす機会を失わせないために、指導者は生徒の能力を限定しないよう自分を戒めます。

とにかくびっくり

指導者・社員で留意事項を進化させる

能力が劇的に変化する例が確かにある

素質がないと思った子も

昭和二四年から、公は母校の土佐中学校・土佐高等学校で教員を務めます。

その頃私は頭の悪いものは勉強しても駄目だという考えをもっていました。それで、自宅の教室には成績の悪いものは入れないという方針で入会を望まれてもあっさりと断わっていました。其後断りきれないで能力の低い生徒を親には「やっても、あまり伸びませんよ」と宣言して引取りましたが、全く冷淡にも全く注意を払っていませんでした。所がその生徒が何時の間にやら学力が向上しだし、あんなことをいって全く申訳ないこととなってきました。頭から能力がないときめないでともかく親切に勉強させてみるべきだったと考えさせられました。学力の進み方は素質によることが一番大きい。しかし素質がどんなかは学校の成績とか外見できめられないものだということです。それまた素質は素質なりにその子供の能力を最大限に引上げてやるべきだ、それには如何にするか。この最後のことはその当時にはまだ気がつきませんでした。

（一九六五『山彦』一四号）『公文式の原典』三六頁

能力は素質で決まるか。環境で決まるか。いずれとも決めきれないか。公は素

自宅に教室を開いて生徒の勉強を見た

言われた親の気持ちを考えると……

ばつが悪い

質次第だと思っていました。すでに一〇年以上教員を務めてきた経験から、生徒の素質について、ある程度見当がつくようになっていたのでしょう。

　ところが、自宅で生徒の勉強をみる機会を得て、自分が見逃していたことに気づきました。学力は素質によるところが大きいかもしれないが、素質があるかどうかは成績や外見だけでは決められない。

　この経験を経て、成績の悪いものは勉強しても無駄だという考えを撤回します。素質云々という議論は一旦おいて、素質は素質なりにその能力を最大限に引き上げるべきだと考えるようになりました。

学びには終わりがない

　学びは、ある結果を得たらそれでお終いではなく、さらに深い理解を求めて次に進む動的なステップです。

　学んで手に入れた知見は、さまざまな見直しにさらされます。見直すことで、考えが変わったり、新しい意味が加わったり、発見につながったり、新たな疑問が生まれたり、止まることがありません。学びは、次につながる動きの方にこそ価値があります。大切なのは、次に進もうという意欲です。

誤った先入観だったのかもしれない

案外、生徒同士は互いの素質がわかる

だからこそ面白い

②学年を越えて

学年を越える意味

公文式の値うちは自習で学年を越えていくところにある。小学校・中学校のうちになるべく早く高校教材に進み、授業を聞かなくてもよくわかるように、確かな学力を身につけさせたいものです。そして、自習で学んでいく習慣を体得した子どもならば、大学に入ってからも社会に出てからも、自分で本を読んで問題を解決していける人間に育っていくはずです。私がこの学習をひとりでも多くの子どもたちにさせたい大きな理由も、ここにあります。

（一九八六『やまびこ』九九号）『公文式の原典』一五六頁

学んだこととの意味を完璧に理解して先に進んだわけではないのに、のちに振り返って「そういうことだったのか」と納得する経験は、誰にもあるはずです。高校生になって中学校の内容を振り返ると、苦しんだのが嘘のように思えます。思い切って先に進んでみたら、以前に学んだことがより深く理解できるようになるという仕組みを、日々の学習のなかに取り入れたのが公の慧眼です。

公文式教材は、学年を越えた内容を完全に理解させるというよりも、学年を越えた世界をまず経験させるためのものです。新しい世界に興味を抱かせる仕かけです。

習得したばかりの知識や技術は、すぐに理解に結びついたり使えたりするわけではなく、しばらくは、ぎこちなさが残ります。レベルがあがるほど一直線には進めません。多くの場合、試行錯誤を繰り返します。

最初から完璧を求めたら荷が重すぎます。途中の理解は浅かったり不十分だったりしても、先へ進む意欲を保ち続ける方が大事です。理解は追いついてきます。

公は、「可能性の追求」をイメージしやすくするために「学年を越える」という表現を使いましたが、真意は「未知の分野を自習で進む」意義を伝えることです。

学校制度では、学年があがるにしたがって学ぶ内容も高度になります。この仕組みを借りて「学年」という言葉を使うと、未知の分野を自習で進むという「可能性追求」のイメージが伝わりやすいのです。

③変わり続ける
追求は変化につながる

公文式というのは、子どもの能力の素晴らしさを発見するにつれて、それ

個人個人が見る壮大な予告編

未知に着目すれば学年に意味はなくなる

に合わせて変わっていくものです。

（一九八五『やまびこ』九三号）『公文式の原典』一四八頁

学ぶことで生徒が変化するように、事例が積み重なることで公文式も変化し続けます。効果が見込めるなら指導法も大胆に見直します。学習にかかった時間で復習の必要性を判断するようになり、当初は少なかった学習枚数もだんだん増えました。

同様に教材も見直します。新たに、英語や国語教材が開発されました。

より多くの指導事例から、指導法の改善と教材改訂のための材料をたくさん提供していただけることでしょう。そのような情報が先生方と事務局・本部のあいだで活発にやりとりされることで、さらにより良い教材と指導法の確立につながるのではないかと思います。

（一九九五年『やまびこ』一五四号）『公文式の原典』二三六頁

自習では進みにくいという情報が集まれば、該当箇所の改訂を検討します。改訂は数年に一度おこなわれます。実際、ほぼ毎年、数・英・国いずれかの教材が

公文式は、最初から変化することを想定

どんどん変わる

公の最後の巻頭言

教材改訂に伴う講座や研修が頻繁にある

改訂されています。

印刷された教材で、これほど頻繁に改訂されるのは珍しいのではないでしょうか。まだ使えそうな教材を廃棄するのはもったいない気がします。公は贅沢を極端に嫌う人でしたが、これだけは譲りませんでした。少しでも学びやすい教材にすることが何ごとにも優先します。引用した巻頭言が公の絶筆となったのは、偶然とは思えません。

究極の贅沢

コラム2　間違いから学ぶ

間違いを活かす

人間にミスはつきものですが、うまく対処すると間違いからも多くのことを学べます。

宇宙探査機「はやぶさ」のプロジェクトが生まれるきっかけを作った故糸川英夫博士は、実験がうまくいかなかったことを失敗とはいわず、次につながる成果と呼んだそうです。

間違い直しのコツ

ミスを指摘されるのは、多くの人にとって自分を否定されたように感じて愉快ではないようです。新しいプリントは好きだけれど直しは不得意という生徒は多いのです。

間違いを直すとき、✔のついた答えをいきなり消してしまう生徒をよく見かけます。ミスの原因が見つけられないと、同じようなミスを繰り返しかねません。

まず、自分のミスと向き合う姿勢を身につける必要があります。

ホモ・ミスシマス

ペンシル型ロケットの生みの親

直しを嫌がる

条件反射

間違い直しにはコツがあります。

一．直しは採点のすぐあとに取りかかる。
二．✔がつけられた自分の答えを目でたどって、検算や読み直しを頭の中でする。
三．ミスの箇所や原因を探し出す。
四．間違えたところだけを消して直す。

これなら、検算や読み直しに頭をフルに使うので、学習効果が何倍にもなります。見直さずにいきなり直すのが癖になると、成長する機会を捨てることになります。

目で直す

「見直しを頭の中ですること」について補足します。

頭の中だけで確かめるには、直前までの計算過程を想起できなければなりません。想起する力が強くなると、繰り上がりや繰り下がりを書かないでも計算できるようになります。

繰り上がりや繰り下がりのメモ書きは、確認しながら正確に計算するには便利かもしれませんが、頭の中に一時的に保存した情報を使う機会を失わせるともい

ミスを消さず上から
赤で直させる指導も

糸屋の娘は目で殺す

一時保存した宝の山

えます。

公文式は、単にはやく計算させるためにメモ書きを勧めないのではありません。頭をフルに使う機会を失わせるのがもったいないから勧めないのです。

メモ書きを禁じてしまうと、学校の指導と違ったり、生徒本人が不安に感じたりすることもあるので、いきなり全部やめる必要はありません。

目で問題を見直すことは、頭をフルに回転させるチャンスだと思って訂正に取り組んでいれば、いずれメモ書きをしなくても計算できるようになります。目で直す力がついた生徒は、自然と間違ったところだけを直すようになります。

お手本

ミスの原因を探すやり方は、囲碁や将棋のプロ棋士の勉強法がよいお手本です。

対局が終わったら、敗者は負けの原因となった着手を突き止めようとします。勝者も見直しにつき合います。勝負がついた直後、お互いの記憶が鮮明なときに検討に入ります。そうすることで、両者がともにレベルアップすることを経験から知っているからです。

プロ棋士の学び方は、私たちが学習するときの参考になります。自分が一旦出した結果を振り返ることで、能力はさらに向上します。

心配しすぎなくても

対局より検討に時間がかかることも

気をしずめる

間違いを指摘されると、すべてを否定されたような気持ちになって冷静ではいられなくなることがあります。考え抜いて答えを出した場合などは、がっかりする度合いも大きく、別の人間かと思えるほど、生徒が荒れることもあります。

指導する際に気をつけなければならないのは、再チャレンジする意欲を削がないことです。場合によっては、説明してもわからないどころか、説明すればするほどわからなくなることさえあります。指導しすぎて、「自分はできない」という意識を持たせることは避けたいのです。

生徒の頭が働かなくなったり、勘違いから抜けられなかったりする場合、指導者は気分を変えさせます。

生徒のタイプや状況によって働きかけは異なります。生徒の近くに立つだけで治まることもあれば、適切な言葉かけが必要なこともあります。黙ってヒントになる箇所を指し示すこともあれば、丁寧に説明する場合もあります。等号の先を紙などで覆って、一つのステップだけに集中させることもあります。

答えの出し方を示すというより、気分を変え、気をしずめて、集中力を取り戻させることが主な目的です。

無力感をもつと、ろくなことがない

気分が戻れば、よみがえる

三章　教科別ティップス

公文式の各教科を学習するときに役に立ちそうなことを挙げてみます。

◇数学

一・数唱の力は侮れない

数唱は計算の役に立つ

公文式では、計算練習に入る前に数唱の力が備わっていることを重視します。数唱の大切さを認める保護者は多いですが、数唱といえば、一〇まで数えることで大丈夫と思っている人もいます。教材では一二〇まで読んだり書いたりする練習が出てきます。しかし、できればもっと高いレベルの数唱力をつけておきたい。

いろいろある数唱

数唱にもいろいろな種類があることは、案外認識されていません。

批判もされるが役立つものは使えばよい

（i）「いち、に、さん……」と「そら」で声に出していう数唱

数唱は一定の法則の繰り返しだから一〇〇あたりまでいえたら、それより大きな数の数唱は必要ないという人がいます。しかし、子どもの数唱力はそれほど安定的ではありません。一九のつぎが「にじゅう」、二九の次が「さんじゅう」、一〇〇の次が「ひゃくいち」、一〇〇〇の次が「せんいち」といえない生徒は多いのです。

数唱で次の数がいえるのは、数えてきた数が頭の中に残っているからです。特に、大きな数の数唱は声に出すのに時間がかかるため、口に出した数を記憶しておかなければ、次の数に進めません。数唱は、数を一時的に記憶しておく力を磨くのです。この力は強力で、本格的に計算の練習に入ったときに役に立ちます。

（ii）数字を読み上げる数唱

先ほどの数唱のように「そら」でいうのではなく、目に見えた数字を声に出すことです。数字の表などを見ながらやります。

数と数字が結びついていない子どもも案外多いとわかります。数字を見てすぐ声に出すことができるようになれば、数字に対する感覚が研ぎ澄まされてきます。

湯船に肩までつかって数えた思い出

大人にはわかる法則も子どもには難しい

どこからでも数唱を始められる力も大事

数字だけでなく式も声に出して言う

身につけていきます。

(iii) ものを数える数唱

個数を数えるやり方です。ふだんから身近なものを数える遊びなどを通して、身につけていきます。

数唱は他にもいろいろなバリエーションがありますが、少なくとも先ほどの(i)(ii)(iii)ができないと学習で苦労します。計算は一桁のたし算から始まるので、大きな数の数唱は必要ないと思われるかもしれません。しかし、大きな数の数唱は、数に慣れ、数に対して苦手意識がなくなるので習熟しておきたいのです。

「そら」ではいえても、すぐに数字に表せない生徒がいます。数字を書く「数書」の練習も高い効果があります。声に出しながらの数書を勧める指導者もいます。プリント学習の前に、昨日の続きの数書練習を組み込むと、短時間で学習モードに入ることができます。

2・3・5・10の倍数や逆唱など

声に出した数が、どう書かれるかわかる

二．小学生レベルの四則計算は侮れない

計算の基本は小学校で習う四則です。たかが「たす」・「ひく」・「かける」・「わる」ことと思われがちですが、この基本ができあがっていることが重要です。

分数の四則が正確に計算できるようなら、かなり力がついています。Ｅ・Ｆ教材（小学五・六年生相当）は大人が解いても大変です。実際に保護者が解いてみることをお勧めします。勘弁してほしいと思う方は多いはずです。

Ｅ・Ｆ教材の四則計算が身についていれば、複雑な計算が続く微分や積分などが楽になります。逆にこの力が弱いと、中高の数学は、頭では理解できても習得するのに苦労します。


直前までの操作を記憶していると計算が楽になる

計算は、直前までに操作した結果を使いながら展開していきます。そのため、取り組んできた過程が自然に記憶に残ります。習熟してくると、その内容を少しのあいだ記憶しておく力が強くなります。

情報を少しのあいだ保存する力がついてくると、計算がはやく正確になります。

子どもはえらいなぁ
と実感できます

式を手際よく簡略化することができるからです。「計算力」と「一時的に記憶しておく力」は、互いに助け合っています。

直前にした計算の結果を覚えている生徒は、暗算ができたり、繰り上がりや繰り下がりの覚え書きをせずに計算ができたりします。また、楽に答の見当をつけることができます。

だからといって必死に覚える必要はありません。思い出せなければ、前の式にざっと目を通せばいい。前に出てきた情報をちょっと気にかけるだけで、一時的に記憶する力は強くなります。

三. 概算を利用する

ひと目でおかしいと気づかない

問題をよく見れば、そんな答えになるはずがないのに生徒本人は気づいていないことがあります。二桁の数に一桁の数をかけた答えが四桁になったり、わり算で、余りがわる数より大きくなったりしているようなケースです。

考えようによっては、計算ミスよりやっかいです。これを「おかしい」と思えるかどうかで、考えて解いているかどうかわかります。機械的に処理していると、

良いことがいっぱいある

注意力が行き届いていない

この類の誤りに気がつきません。

概算で検算する

概算とは、大まかに計算することです。問題を解く途中や、解いたあとに、頭の中で簡単な概算をおこなうことで計算の精度があがります。慣れてくると、概算するまでもなく、そんな答えになるはずはないとわかることもあります。無意識のうちに神経を張り巡らせているのです。

概算は簡便にできますが、いい加減な計算とは違います。答えの範囲を限定できることがあるのです。たとえば、$3\frac{1}{2}+4\frac{5}{6}=$という問題は、整数部分の和が7、分数部分の和が1より大きそうなので、答えは8より大きくなるはずです。もし自分の書いた答えが8より小さければ、答えが違っていると判断できます。これも立派な概算の使い方です。

概算は、わり算の筆算で商を見つけるときにも使えます。概数をもとに商の予想を立て、予想した商が本当に適切かどうかを頭の中で計算して確認します。

問題を解いている途中、計算の進め方が適切かどうかを概算で確認することは、一種の検算です。この検算が手早くできると計算ミスが減ります。概算がうまく

候補を絞り込める

使えないと、検算そのものを面倒だと感じるため、なかなか検算が身につきません。いつまでたっても自分の計算に自信が持てません。

計算の得意な人は、
概算をうまく使う

コラム3　概数を見積る

シカゴにピアノの調律師は何人いるか

ノーベル物理学賞を受賞したエンリコ・フェルミ（一九〇一～一九五四）の持論は、「優れた物理学者はどんな問題にも答えられなければならない」というものでした。知っていることや信頼できる概算値をもとに、正解そのものではなくても、せめて桁数を見積ることを勧めたのです。

それが「フェルミ推定」です。概算の実践例として、いまではよく知られるようになりました。研究者仲間や物理学を学ぶ学生相手に出したクイズがもとになったといわれています。

彼がシカゴ大学で教鞭をとっていたとき、学生に出した有名な問題が「シカゴにピアノの調律師は何人いるか」というものです。

私は、新規事業で企業向けの問題解決の研修を担当していたとき、この問題をそのままアイスブレーキングに使ったことがあります。シカゴの人口を、およそ五〇〇万人（実際の人口とは異なりますが、セミナーでは、本に書いてあったデータをそのまま使いました）として、いろいろな予想を加えて推定していきます。

入社試験に使われたことも

おしゃれな問題

アイスブレーキング
＝緊張をほぐす課題

面白いことに、どのグループの答えも数百人という三桁の範囲に収まります。何から手をつけていいかわからないように見えても、みなの知恵を集めると桁数を合わせる程度には答えの範囲を限定することができるのです。シカゴに調律師は何千人もいるわけではないし、数十人しかいないということもない。およそ数百人だとあたりがつけられます。

ある研修で、「四人か五人」という答えが飛び出しました。不思議に思って理由をたずねると、「シカゴ（四か五）だから、語呂合わせでやってみました」と愉快な答えが返ってきたのを懐かしく思い出します。

議員の数

別の機会に「公職選挙法で選ばれる議員は現在日本に何人いると思いますか」という問題を出したことがあります。

たいていのグループは衆議院議員〇〇人、参議院議員〇〇人……と始めるのですが、あるグループが次のような発表をしました。

「地方議会の議員の方が圧倒的に多いはず。自分の住んでいる市の人口四万人と市議会議員の数二〇人を比べると、だいたい住民二千人に一人くらいの割合で代表を

不思議なことに

フェルミ推定は桁数を求めることを重視

大爆笑

積み上げ方式

選出しているのではないだろうか。衆議院議員の数などは誤差の範囲」との理由で、日本の人口一億二千万人を二千で割って、六万人と答えてくれました。脱帽。

最近は定員が減って四万人以下に

◇英語

一・音学習を徹底する

正しい使い方が自然にわかるようになるまで音声練習

プリント学習のイメージが強いため、公文式英語が音学習を重視することは、あまり認識されていません。ネイティブの音声データを聞いて、自分で声に出していう回数は想像以上に多いのです。

この音学習には、文法事項を無意識のうちに確認するというねらいがあります。お手本通りにまねをすることで、文法的に正しい表現が音を伴って身につきます。音読するたびに文法規則を確認しているのと同じ効果があります。

たとえば、うっかりしがちな「三人称単数現在のｓ」や「不規則動詞の変化」などを、文法の規則に照らし合わせて判断するのではなく、音読で身につけた感覚で正しいか正しくないか判断できるようにします。この感覚を身につけるため、音声を聞いて声に出す練習の回数が多いのです。

教室でも音読の声が

声に出すとき自然に
正しい表現を再現

アクセントに注目する

英語と日本語の発音はずいぶん違っているため、最初はネイティブによる音声をうまくまねできないことがあります。

保護者が聞いて、子どもの発音が気になる場合は、違って聞こえるとだけ伝えます。それでも違いがわかりにくいようなら、子どもの発音を録音して比べてみるといいでしょう。ただ、細かく指摘しすぎて英語の学習が嫌になることは避けます。

一方、アクセントは、はっきりまねをするように伝えます。保護者が英語に堪能でなくても、強く発音するところは指摘できます。どこを強く発音しているかは、ほとんどの場合、誰にもわかるからです。

意味のかたまりごとに声に出す

学習者が音声データをまねるときは、間を空けて発音される箇所に注意します。音声データは、いいかげんに区切って発音されているのではなく、必ず意味のかたまりごとに区切って発音されます。このような切り方をすることで、話している内容が相手に伝わります。

日本語も同じです。「私はあなたが好きです」という表現は、ふつうは「わた

聞き比べるとわかりやすい

意味のかたまり＝フレーズ

しは／あなたが／すきです」と区切ります。これを「わ／たしはあな／たがす／きです」と発音すれば、相手から「なにいってんの？」と聞き返されるでしょう。

保護者が子どもの音読を聞いていて、変なところで区切っているように感じたら、子どもは内容を理解しないまま音読していることが多い。これは英語でも同じです。意味のかたまりごとに区切れていれば、文法も内容も理解して読めている可能性が高くなります。

なお、意味のかたまりの分け方は、状況によって異なります。先ほどの例で、「わたしはあなたがすきです」と一息にいう場合もあれば、「わたしは／あなたがすきです」ということもある。また、「わたしはあなたが／すきです」と区切ることもあります。

意味のかたまりの区切り方は一通りに決まるわけではありませんが、最初は、音声データをまねて区切ることで、意味のかたまりをとらえることに慣れていきます。

ところで、英語の数唱も効果があります。読上げられた英語の数字が、日本語の数字のかたまりとしてとらえられるようになるとニュースなどが身近になります。学生のうちはそれほどぴんと来ないのですが、社会人の生徒に試してもらっ

宇宙人

台所仕事をしながらでも確認できる

典型的な例をまねる

□慣らしにぴったり

たことがあります。

二、国語教材の作り方とは違う

国語教材に比べ最初は易しい

外国語と国語の学習環境には大きな違いがあります。外国語の問題に取り組むためには、まず言葉の使い方を覚えなければなりません。そのため最初は、語彙や文法に関する課題が多くなります。設問の作り方も、深く内容に触れるまでに至らず、国語に比べて平易になる傾向があります。このことは、国語と英語の中学校の教科書を比べてみればわかります。

公文の教材も国語と英語では作り方に差があります。国語の場合は、日本語がある程度使える学習者が多いので、英語に比べると早い段階から、読み手に成熟度を要求する問題文を採用しています。

国語の学習が苦しくなると、学習科目を英語に切り替える生徒がいます。英語は国語に比べると、最初は易しく感じるので本人も保護者も安心します。しかし、扱っている素材は、国語の方が難しいということは知っておく必要があります。

使い方を覚えながら
問題に取り組む必要

やり通すには精神的な成長が必要

途中までは易しいといっても、最終教材が近くなると、英語も読み応えのある文章が出てきます。最後までやり通すためには相応の国語力が必要です。このことがわかっていないと、英語学習が不調になりかねません。

不調の原因は、英語の語彙や語法の習得を怠ったからとは限りません。学習者が精神的に幼いままだと、国語だけでなく英語もできるようにはなりません。言語の習得には、伝えられる内容そのものについての理解が必要だからです。

背景知識が多いほど読むのが楽

高校課程の最終教材に出てくる『フェルマーの最終定理』〈サイモン・シン〉は、日本語で書かれていたとしても、数学に関心がない人にとっては難しく感じます。

ふだんから、興味関心の幅を広げていないと、国語でも外国語でも読むのに苦労します。レベルの高い原文を読みこなすには、言葉の使い方がわかるだけでは十分でなく、成熟した知識を備える必要があります。幅広い知識を持っていると、考える手がかりが多くなり読むのが楽になります。

知識を得るための言語は何語を使ってもかまいません。日本語による読書経験は英語を読むときにも活かされます。同じように、英語による読書体験は、日本

内容そのものが高度

○《オウ》教材

英語の読書が国語学習を助けることも

語を読む際の助けになります。

新聞のすすめ

短期間で興味関心の幅を広げるには新聞が適しています。限られた紙面で、政治・経済・国際・社会・地域・スポーツ・文化など幅広い話題が日々取り上げられます。あくまでも新聞社の見方という点には注意を払いながらも、記事を興味の幅を広げるきっかけとして利用するのも一法です。

毎日全頁に目を通すことが基本です。時間がなければ、見出しに目を走らせるだけでもかまいません。時間が許せば、興味のある記事を詳しく読んでみます。読み続けていると関心の幅が広がり、記事の方から目に飛び込んでくるようになります。

三．対訳学習

対訳学習の優れている点

高校レベル以上の教材では、いろいろなジャンルの原書から採った英文を読み進めます。最終的には、教養の豊かなネイティブにとっても読みごたえのある英

世相を見る枠組みの例を示してくれる

毎日読むと続報があるので理解しやすい

文に取り組みます。

教材には、原文と日本語訳との対応がわかるような「対訳」が載っているので、意味・語法・文法などを確認しながら学習が進められます。高度な内容の英文であっても、対訳を手がかりにして自学自習で読み進むことができます。

対訳学習の注意点

公文式英語の対訳は、いわゆる「こなれた訳文」ではなく、原文との対応を意識した訳文を採用しています。自然な日本語に感じられないところがあるのはそのためです。

問題文の語彙や文法を理解したうえで、学習者が自分なりの訳を工夫するのは構いませんが、翻訳の課題ではないので、うまい訳を作るのが目的ではないことに注意します。

指導者は、語彙や文法の習得ができているかどうかを、生徒の解答から判断します。確認したいことが解答から読み取れれば、解答書とは異なる訳であっても正解です。一方、解答書とかけ離れている場合はチェックが入ります。

原文との対応関係を大事にしているからといって、英語と日本語訳を一対一で覚えることを勧めるわけではありません。文脈が異なれば訳し方が変わる可能性

対訳をきちんと読めることが前提

ひどい訳文だと指摘されたことも

対訳は訳を記憶するためのものではない

があります。対訳で学んでほしいのは、訳そのものではなくて、出てきた語句が使われる状況やルールを理解することです。

四．前を見返さない学習

見返しは自分で確認しやすいが

公文式教材には予習と復習が含まれています。次のページに進んでわからないことがあれば、以前学習したところを探せばヒントが得られるので、自力で正答に至ることができます。学習者には、自分でヒントのある場所を探して復習してほしいので、このような作り方をしています。

しかし、前を見返す学習はいつまでも続けてほしいやり方ではありません。前を見返さなくても先に進んでいけるよう、だんだん学習の質を高めてほしいのです。「答がすぐ見つかるから簡単」と安心して、いつまでも見返しをしていると力がつきません。

何を学ぶプリントかわかると見返しが減る

一旦学習した課題は、先に進んで似たような問題として再登場します。その際、どこが変わったかに注目すると、教材制作者の設問意図がわかります。たとえば、主語が変わると他に何か変化が起こるか？　同じように、動詞が変わることで起こる変化は何か？　などに注意します。

今何を学習しているかを意識すると、前を見返さない学習が続けやすくなります。中学レベル以上の教材に登場する文法事項の説明が、今何に注目して学習すべきかを示します。

変化に敏感になる

コラム4　活躍する一時記憶

一時記憶で世界が広がる

直前まで取り組んでいたことを覚えていて、その内容が自在に使えると知的な世界が広がります。この力は誰にも備わっています。数学だけの話ではありません。人と会話が成り立つのも、相手が話した内容をしばらく覚えているからです。新聞を読んでいて、ある面の記事が他の面の記事に関連していると感じる経験はよくあります。目を通した面の記憶が残っているのです。

本を読んで理解できるのは、前に書いてあったことを一時的に記憶しているからです。本は、時間の経過にしたがって情報が増えていくのがふつうです。直前までに得た情報を一時記憶する力がないと、楽しみながら読むことができません。

ミステリーを読んでいて伏線に気づく人は、文中で気になったことを一時保存する力が強いのです。名探偵の素質があります。

一時的に記憶しておく力が強い人は、今得たばかりの情報を頭の中に仮置きし、他の情報と比べたり組み合わせたりして発想を広げることができます。

当たり前すぎて、ふだんは意識しない

作家は上手に騙そうとする

考えることそのもの

公文式は一時記憶を強くし、一時記憶は公文式の学習を楽にする

公文式は、何でもかんでも覚え込むことを勧めるわけではありません。ただ、一時記憶が自由に使えると、思考や発想の幅が広がるので、一時的に記憶した内容を学習に利用するよう指導するのです。

小学一年生相当の国語教材に「読んで　見つけて　書き写す」という課題があります。この課題は、解答すべき場所を探し出し、正確に書き写さなければなりません。意味がわかって読めていれば、単語や語句ごとに書き写すことができます。さらに能力があがってくれば文単位で書き写すことも可能です。

この見写しタイプの問題を一字ずつ書き写そうとする生徒がいます。そのようなやり方は、言葉を意味のまとまりとして認識していないので、使える言葉を学ぶ機会を失わせます。解答するのに時間がかかるだけでなく、転記ミスも多くなり、問題を敬遠するようになります。一時記憶を積極的に使うよう指導する箇所です。

文章題にはむずかしい問題の場合もありますが、まず文章をよく読んでから解きにかかっているかどうかですね。問題を読んでなくてわからないと言っ

ひらがなの拾い読みに似ている

目は通したが内容を理解できないことも

てる場合もかなりあるのです。「わからない」と言ったら、まず問題の文章を暗記させてみることです。問題を暗唱できるようになって、それでも問題が解けない率はかなり低いのではないでしょうか。

（一九七九『やまびこ』五一号）『公文式の原典』七九 - 八〇頁

短い文章を記憶させて確認するやり方は、算数の文章題にも応用できます。簡単な文章題の内容を頭の中で再現できないとしたら、数学ができないのではなく、問われている内容そのものが理解できていない可能性があります。

指示通りに式を立てさえすれば簡単に解けそうなタイプの文章題にてこずっているようなら、試してみる価値があります。

「数唱」「繰り上がりや繰り下がりを書かないこと」「間違いを目で直すこと」「できるだけ前のプリントを見返さないこと」「拾い読みをしないこと」「一気に見写し書きをすること」など。公文式はいろいろな場面で、一時的に記憶した内容を学習に利用します。

どちらの問題か見極める

使うことで記憶する力も強くなる

◇国語

わざわざ国語を学ぶ意味

国語は、わざわざ勉強しなくてもいいという考えの人がいます。日本語に囲まれて生活しているから取り立てて学習しなくても困らないというのが主な理由です。日常生活に不便はないかもしれませんが、学校の勉強はどうでしょう。「小さい頃は国語が好きで得意だったのに、いつの間にか得意科目でなくなった」とか「国語は数学と違って答えがはっきり定まらないから好きじゃない」という人は少なくありません。

できなくなったのは国語だけかというと、他の科目も振るわなくなっている。英語も社会科も不得意になっているのです。それどころか、理数系の科目は強いと思っていたのに、数学や理科までが不本意なことになっている。

中学・高校と学年が進むにつれ、学校で学ぶ内容を敬遠し始める生徒がいます。勉強以外のことに興味を持つからといわれますが、原因はそれだけではありません。

不得意な科目について、知識や理解が不足しているのです。主な原因として、言語能力が育っていないことが考えられます。どの科目も、必要な情報は言語を

日本語は自在に使えると勘違いしている

国語力の問題と認めない人も多い

通じて吸収するものだからです。

中学・高校・大学と進むにつれ、同じ科目でも教科書の書かれ方が違ってきます。読みこなしていくためには、相応の成熟が要求されます。たとえば高校の歴史の教科書は、小学生向けの言語レベルで書かれているわけではありません。年齢相応の成熟度に合わせた表現を使って書かれています。歴史だけの話ではありません。理科系の教科書も同じように表現が難しくなるのです。言語レベルが小学生のままだったら、ついていけなくなるのは当然です。

日常生活に差支えないからといって、国語力の向上を求めなくてもかまわないという考え方は、知的な能力を伸ばすという点から見て賛成できません。

一・語彙を広げる

読書と語彙

生徒が使う語彙と精神年齢には関連があります。豊富な語彙を持ち、抽象度の高い言葉を使いこなすことができれば、精神年齢はより高いと推測できます。語彙の習得を積極的におこなうことが、生徒の精神的成長につながります。

語彙を獲得するには、新たな語彙に触れる機会を多くしなければなりません。

難しい漢字や抽象的な表現が多くなる

易しい言葉での説明はもっと難しいが

それには読書が適しています。時間の経過によって情報が消えていく音声や映像などとは異なって、読書は繰り返し確認することが容易だからです。

ふつうは、興味のある分野の本を読むことから始めますが、このやり方にこだわりすぎると、本のジャンルやレベルが偏ってしまうことがあります。読書の一番の楽しみは好きなものを読むことなので最初はそれでもかまいませんが、読書範囲を少し広げるだけで、ものの見方や考え方に柔軟性が備わってきます。

くもんのすいせん図書

くもんのすいせん図書は、読書範囲が自然に広がるよう、幅広い分野から本が選ばれています。大人が子どもに押しつけるのではなく、子どもたちに人気が高く、内容も優れている本を選りすぐっています。使われている言葉の程度に応じて、乳幼児から中学生レベルまで一三段階に分かれ、段階ごとに五〇冊、合計六五〇冊がそろっています。どの子どもも易しいレベルから本に親しむことができ、自分に合った「ちょうど」の読書を楽しみ続けることができます。

教材は語彙獲得のガイド

教材も、次第にレベルの高い語彙が身につくように工夫されています。

いろいろな見方を受け入れる

すいせん図書を自画自賛する理由

たとえば、話題の流れに沿って要約していく「縮約」という課題があります。この課題に先だつ予備的なステップが独特です。縮約の本題に出てくる主要な語句をあらかじめ学んでおくのです。習得させたい語句を含む短文をいくつか用意し、これらの短文を用いて先に縮約練習をします。これによって、語句の使い方を理解するとともに縮約のやり方が習得できます。

ふつうの参考書では、難しい語句が出てくると、注で説明されます。それだと、注のたびに思考が中断され、読みに集中できません。

公文式国語では、縮約の課題に出てくる語句を別の練習問題で事前に学びます。その結果、語句の使い方に慣れ、課題文そのものが読みやすくなり、しかも縮約練習を兼ねることができます。一石三鳥です。

新しい言葉を身につけるとき、意味だけを丸暗記してはいけません。どんな状況で使われるかを理解しないと、本当の意味で身についたとはいえないのです。縮約は、筆者の思考の流れを追って要約していきます。そのおかげで、生徒は自分が学んだ語句は筆者の書いた文章と似た状況で使う言葉だと理解できます。

保護者の出番

言葉に興味を持つと、積極的に語彙を獲得する意欲につながります。ただし、

しっかり予習

欲張ってる

最初から子どもがそのような意識を持つことはあまりないので、保護者のかかわりが大きな助けになります。といっても、わざわざ教える必要はありません。子どもが新しい語句を使う場面に気づいたら、「新しい言葉が使えるようになったね」と本人に伝えてください。また、プリントに出てきた語句をふだんの会話の中で話題にすると、子どもの興味を喚起することができます。

辞書を用意する

国語力をつけるため、子どもに辞書を引かせるにはどうしたらいいかという質問をときどき受けます。持ち運びには電子辞書が便利ですが、一覧するには紙の方が使いやすいようです。ここでは紙の辞書についてお話しします。

まず、辞書に親しむ環境を作ります。辞書を身近に置くようにして、手に取るまでの時間がかからないようにします。リビングなど、みなが集まるところに辞書を置きます。書斎にしか置いてないと、調べるのが億劫になります。他に、勉強部屋、ダイニング、トイレなども考えられます。何冊か用意すると費用はかかりますが、読み比べをしたり、お気に入りの辞書ができたりして、家族で言葉への関心を高めることができます。

辞書はケースから出して、すぐ引けるようにしておきます。ケースに入れたま

声に出して伝えて

使い分ける

一部屋に一冊

辞書だけでなく図鑑を備える人も

まきれいに使うのはもったいない。辞書は飾っておくものではなく、使うものです。

食事しているときや団らん中に知らない言葉が話題に上ったら、すぐに調べます。「なにも食事中に調べなくても」という考えはもっともですが、できるだけ時間を空けない方が望ましいのです。大人が率先して引きます。「あとで引いてごらん」ではなく「今、一緒に調べよう」と働きかけます。

辞書を読む

辞書は「引く」といいますが、できれば読んでほしい。Aという言葉はBという意味であることを知ったらそれでおしまいではなく、使用例まで読みます。これによって、どんな場合に使われるのか、どんな場合は使わないのかを知ることができます。用例を読むことで、使える言葉が飛躍的に増えていきます。

英語の辞書も同じです。単語や熟語の日本語訳を見つけた途端、辞書を閉じる人がいますが、もったいない。学習用の英語辞書は、重要な用例について必ず説明を加えています。全部読むと時間がかかるので、必要な例文の周辺だけでも目を通します。英語の訳を覚えるのではなく、その言葉が使われる場面を知りたいのです。

意味がわかると安心して消化も促進

辞書を読むのが趣味という隠れファンも

引いた跡を残すと、引くたびに目に入る

二．レトリックを利用する

レトリックとは

文章のレトリックとは、伝えたいことを効果的に書き表す方法のことです。書き手は、相手に理解してもらいやすくなるように伝え方を工夫します。

音楽を例にとるとわかりやすいかもしれません。お気に入りのメロディだけを鳴らしても、聴き手の心を強く動かす効果は期待できません。イントロを工夫したり、転調させたり、リズムを変えたり、メロディを浮き立たせる伴奏をつけたりします。

文章も同じです。大事なことを繰り返したり、例を挙げたり、イメージしやすいものにたとえたり、話の順序を工夫したりします。

これを逆に利用して、どんなレトリックを使っているかがつかめると、作者の意図がわかります。レトリックがわかると本を読むのが面白くなります。「この話題を続けるのは、前の結論を補強するため」とか「わざわざ反対の意見を並べるのは、自分の意見を印象づけたいから」などと、作者のねらいが見抜けるようになると理屈っぽい文章も楽しめます。

筆のふるいどころ

何をしてもいいが、
やり過ぎは……

客観的に読めるよう
になる

縮約でレトリックに強くなる

入社当時、公文の国語教材を開発した先輩から次のような話を聞きました。「文章は、要約してみると深く理解できます。興味深いのは、要約する範囲が変わると作者の主張の印象が変わる点です。たとえば、段落が一つだけの文章があるとしましょう。その段落が『結論はXである』と要約されるなら、作者の意図はXだとしか汲み取れません。

ところが、この段落のあとに『しかし』で始まる段落が続く場合はどうでしょう。二つの段落をまとめて要約しようとすると、作者の主張はXだとはいい切れなくなります。要約する範囲が変わると、作者の主張も変わる可能性があるからです。展開によって意味を変えるのが言葉の面白いところ。この面白さを生徒に伝えたい」こういわれて、とても感心したのを思い出します。

ところで、要約と縮約は異なります。要約はいちばん重要なところに注目してまとめるので、話題の展開のすべてを拾い上げるわけではありません。

一方、縮約は、話題の流れに沿って、話題が展開される経緯を残したまま原文より短くまとめます。そのためレトリックの構造がつかみやすいのです。

開発秘話

なるほど

展開を残すので極端に短くはならない

三．音読

音読のすすめ

公文式国語も音読を重視します。特に小学校三年生相当の教材までは、教室でも家でも音読を勧めています。

音読は、今読んでいる文章に集中するためにおこないます。目が流れて読み飛ばしていたところをしっかり頭に入れるためです。読むスピードがあがってくると自然に音読から離れていきます。理解するスピードが音読よりはやくなるからです。

レベルの高い教材に進んでも、必要に応じて音読することは差し支えありません。実際、音読大好きという生徒はたくさんいます。大人でも、込み入った文章が出てきたら声に出して読んでみる人は珍しくありません。

言葉を孤立させない

すらすら音読できるのに、中身がさっぱり頭に入っていないことがたまに起こります。正しく発音できるにもかかわらず、内容が理解できていないのです。そ

目に留った所だけで
全体を想像する癖が

私もたまに

声を出すことだけに
気をとられ

れぞれの語句は読めるし、語句の意味も聞かれれば答えられる。にもかかわらず文章の中身が頭に入らないのは、機械的に声に出しているためです。語句を声に出すことに気を取られ、頭が働いていません。語句や文同士の関係が作り出す意味がわからず、言葉が分断されたまま認識されています。

たとえば、「……は美しい誤解である」という表現が出てきたら、「美しい」も「誤解」も意味はわかる。しかし、両者が組み合わされた結果、どんな意味が新たに生じているか想像できなければ、その文章を理解することはできません。

文中に出てくる語句は孤立して存在しているわけではありません。すでに読んできた箇所のどこかに、この表現を読み解くヒントがある。新しい主張が込められている可能性があるのです。

数学のところでお話しした一時的に記憶する力を発揮するところです。記憶にとどめられた表現をヒントにすれば、いろいろな表現がつながって新しい意味を生じていることがわかります。

文を見ない音読

機械的な音読の罠に陥らない方法を紹介します。初めは活字を見ながら音読し、続いて同じ文を、活字を見ないで声に出します。一文ごとに、活字を見ながらの

出てきた語句は後の展開に影響を及ぼす

音読と活字を見ない音読を繰り返すのです。

文単位の音読になると、音の記憶だけでは再現できない場合があります。文を見ないで声に出そうとすれば、内容を理解していることが必要になります。

この方法は、外国語を習うときのトレーニングとして使われますが、国語でも有効です。保護者が一文を読み上げ、子どもが活字を見ないで同じ一文を声に出すというやり方でもかまいません。慣れてくれば、一文ずつではなく、いくつかの文をまとめてやることもできるようになります。

音の記憶だけではなく内容についての記憶をたどらないと、正しいいい回しが再現できません。そのため、内容を理解しているかどうかが確かめられます。

自分一人でやる方が
内容を理解しやすい

意味は記憶を助ける

コラム5　はやぶさ

はやぶさの使命

私たちが住んでいる太陽系の惑星はどのようにしてできたのでしょうか。宇宙が創成されたとき、新しくいくつかの元素が生み出されたそうです。できたばかりの太陽系はどんな様子だったのでしょう。

地球や火星などの惑星は、重量が大きく内部が高温高圧です。そのため、元の原子が別の原子に変わってしまい、直接調べるのが難しいそうです。一方、重さの軽い小惑星は熱による影響を受けておらず、太陽系が誕生したときの手がかりが残っているといわれます。

「はやぶさ」は、小惑星から研究用サンプルを持ち帰るために開発された探査機です。地球から何億㎞も離れた小惑星まで、真っ暗な宇宙空間をたった一機で航行し、最短で目的に近づき使命を果たします。広い宇宙の中を孤独な航程です。「はやぶさ」の可動範囲は限られ、発揮できる機能も必要最低限まで絞られています。小さな「はやぶさ」のできることは限られますが、行く先々で得たデータを地球に送ってきます。ミッションの最後には成分サンプルを地球に持ち帰ります。

僕らは星のかけら

イトカワ
リュウグウ

映画に熱狂

成果として得られるものは限られていても、宇宙の謎を解く手がかりになり、やがて人類が宇宙で活動できるようになったら……。そう考えるだけで愉快です。

孤立しているわけではない

私には、公文式の学習は、「はやぶさ」の活動のようなイメージが思い浮かびます。現在の自分から遠く離れたところまで、一人で情報を集めに行くのです。集中してプリントに取り組んでいる生徒は孤独な旅を続けますが、孤立しているわけではありません。一人でやり抜こうとしている生徒は凛々しく見えます。

敬意を表したい

四章　読書のすすめ

読書能力は最強の味方

創始前から着目

私がこの仕事を始めるきっかけとなったのは、小学2年生だった長男への算数でしたが、それ以前には何をしていたかと申しますと、読書教育だけでした。「小学生のうちは読書能力さえつけておけば、学校の授業だけで十分にやっていける」と思っていたからです。

（一九八五『やまびこ』九四号）『公文式の原典』一四八頁

公は、公文式の数学教材を作り始める前から読書能力に注目していました。公文家は夫婦ともに本好きで、家じゅうに本が転がっている家庭でした。長男は自然と読書に親しむようになり、本人の読書能力も高まりました。

公文式数学は必要だった？

自分の読書能力が気になった公

私自身としては、自分の読書能力が低いことが非常に気がかりであり、「もっと速く本を読めたならば、同じ時間でもっと多くのことが学べたのに」という残念な気持ちを強く持っています。長男が小学4年生のころでしたが、一緒に本を読んでいますと、「お父ちゃんは読むのが遅い」と早くページをめくるようにせっつかれたことがありまして、その時から日本人の読書能力を上げるのは大切であると気づいたものです。

（一九八五『やまびこ』九四号）『公文式の原典』一四八頁

小学四年の息子と一緒に本を読んでいたときのエピソードです。「あはは、そうだね」ですませそうなところを、読書能力を高める必要性に着目しています。

公文式国語のめざす「高度な読書能力」は、単に本を読んで理解する力のことだけではありません。ジャンルや難易度を問わず多くの本を十分なスピードで読み、理解できることを指します。

一般に国語教育といえば、内容を正確に読み取るとか、的確に表現するなどの目的をあげることが多いですが、公文式国語は、内容を読み取る力だけでなく、読むスピードに着目するところに特徴があります。

本を読むのが遅い点は私も似ている

ヒントを見逃さない

ただ、はやく正確に読みさえすればいいといっているわけではありません。はやく正確に読める力を使って、いろいろな本に出合うことが本来のねらいです。

いろいろな分野の読書を勧めるのは、知識を広げるだけでなく、その方がより言語能力を高め、精神的な成長を促すからです。力点はスピードだけにあるのではなくて、スピードを使って本をたくさん読むことにあります。このことはぜひ覚えておいてほしい点です。

公文式は読書から始まった
公文式の真の始まりは？

私の20年前からの本心をあかしますと、数学教育というものにはもともと興味はさほどありませんでした。というのは、自分は数学だけに関してはたいして困らなかったからです。ところが国語・英語になりますと、「自分ができないのはあんなふうな教育を受けたからではないか」と思いあたることが多いのです。

もちろん、私が学生時代に教わった先生方は立派な方ばかりでしたが、教えていただいたあと私に学力がついていないことからみて、先生の人格は別として教える技術となるとあまり上手ではなかったのではないかと言えそう

マッチメーカー

とにかくたくさん読めるように

歳をとってからも気になる

です。それで自分が困れば困ったほど、「私ならこう教えてみたい」と、できなかった者の立場からの思いが強いのです。

ですから我が子の教育でも、まず最初に始めたのが国語教育でした。数学なぞ中学に入ってからでも十分であると思い、読書教育に一番力を入れました。（中略）ところが途中で家内から長男の算数の点の悪いことを言われまして、しかたなく始めた数学教育がこんなふうになってしまったのです。

中学・高校と進むにつれて落ちこぼれは一層深まっていきますが実は一番ひどいのは数学教育ではなく国語であると言えそうです。

（一九七九『やまびこ』五一号）『公文式の原典』七九頁

公文式といえば、算数・数学のイメージが強いのに、公は数学教育には興味がなかったらしい。自分が国語や英語ができなかったのは、受けた教育のせいではないかと疑っており、個人的な悔しさもあって、英・国の教育に関心を持ち続けます。ひょっとすると、公文式の構想を思いついたのは、長男の算数テスト事件より早い時期なのかもしれません。

公文式教材の開発は思わぬ事情で順番が変わり、「しかたなく」数学から始めることになったと書いています。英語と国語は遅れて、それぞれ

先生だけのせいではないだろうに

そう言われれば

もし公文式が国語からスタートしてたら

一九八〇・一九八一年からスタートしました。
「しかたなく」始めたら、「こんなふうになってしまった」とは、算数・数学の生徒数が五〇万人（一九七九年当時）に届くまでになったことを指しています。大真面目か、ユーモアか、人を食っているのかわかりません。

国語の生徒数が数学を抜く

数学教育よりも国語教育が大切であると私は思っています。幅広い読書をすることによって、こんな人生がある、あの人があんなことをしてきたという人生を知ることが大切です。子どもの人格を立派にしたいという願いからも、公文式は絶対に国語教育を重視するものです。その意味からも、できるだけ早く国語の生徒数が数学の生徒数を追い抜くべきであると考えています。

（一九九二『やまびこ』一三七号）『公文式の原典』二〇八頁

「しかたなく」作った数学教材が多くの人に利用してもらえるなら、「力を入れて」開発した国語教材はもっと多くの人に使ってもらえるはずだと考えたのでしょうか。公は国語の生徒数が数学の生徒数を抜くといい続けます。
最初は、指導者も社員もそのことを信じませんでした。日本語を使う環境にい

悪い点数が原点と言われ、毅は苦笑い

社内では有名な予言

孤立無援

るのに、わざわざ国語を学習しようとする人はいないだろうという発想です。公が、国語が数学を抜くといい続けたのは、「力を入れて」国語教材を開発したからではありません。マーケティングの結果なども気にしていません。さまざまな能力の基となる「国語力」をなんとしてでも強化しなければならないと強く思ったからです。

残念ながら公の予想は外れ、今のところ、国語の生徒数が数学を上回るまでには至っていません。しかし、国語の大切さが浸透してきたこともあって、数学の生徒数には及ばないものの、多くの生徒が公文式国語に取り組むようになっています。

読書能力が高いと

長男は小学生のうちに微・積分を終えることができましたが、当時の教材は現在のものとくらべるとかなり粗雑なものです。それでもなんとかやれたのは、やはり読書能力がかなり高かったからであろうと思われます。現在でも高進度の子どもたちは、例外なく読書能力もかなり高いのではないでしょうか。その点、公文式教材は読書能力の高い子どもほどやりやすい教材といえます。

日本人の国語力を心配した数学教師

四〇万人以上が公文式国語で学ぶ

読書能力が高いと自習する力も強い

（一九八五『やまびこ』九四号）『公文式の原典』一四九頁

生徒第1号の長男の実践は、読書力に支えられていたと述べています。公文式教材は読書能力が高いほどやりやすいとも明言しています。公は早い段階から、公文式を支えるのは読書だと確信していたようです。

能力開発と読書能力

子どもの能力開発の可能性を考えますと、言葉や読書の能力が先であり、読書とくらべれば、数学などはいつでもできるといえるほどです。読書能力がかなりある子どもであれば、反復の回数も少なくてすみ、方程式などは短期間で進めるのではないでしょうか。読書能力が育ってない状態であれば、教材が先に行ってからなかなか進みにくくなるのは、当然のことと言えるでしょう。

（一九八五『やまびこ』九四号）『公文式の原典』一四九頁

学年を大きく越えて自習で進むには、「読書能力があった方がいい」というだけでなく、「読書能力が育ってないと進みにくくなる」というのです。それだけ

能力開発が読書能力に負うところは大

言語能力があらゆる分野の基礎にあることを強調しています。

公文式教材を読書で補完するというより、読書の方が主と考える方がいいかもしれません。読書で培った能力を公文式教材でさらに伸ばすという方が実情に合っている気がします。

子どもの能力を限りなく伸ばしていくには、数学よりも先に国語の力が大切であり、国語よりも先に読書能力が大切ではないでしょうか。

（一九八五『やまびこ』九四号）『公文式の原典』一四九頁

国語力よりも読書能力を先につけるべきだといっています。どちらが重要かという意味ではなくて、読書能力の強化を先に始めようというのです。

国語力をつける読書

国語のE教材（小学五年生相当）に入る前にEグレードのすいせん図書を5冊読ませるということを今年言っていますが、先日ある先生から質問がありました。「E教材の前にEの本を5冊ということは、C教材（小学三年生相当）の前にCの本を5冊ということですか？」「そうですよ」「では、A教材（小

読書が主で公文が従

読書は対象がはっきりして取組みやすい

学一年生相当）の前にもAの本を5冊ですか？」「そうですよ」「そうなると、指導者も自分で読んでおかなければなりませんか？」「そうですよ」。
（一九八七『やまびこ』一〇七号）『公文式の原典』一六七頁

「国語のE教材に進む前にEレベルのすいせん図書を五冊読ませる」というのは、少し説明が必要です。公は、教材を学習するに先だって、教材相当レベルのすいせん図書を五冊読ませることを勧めています。ふつうは逆に考えるのではないでしょうか。E相当の本を読めるようにするために、E教材を勉強すると思いがちです。

公文式教材は自習力をつけるためのものです。公は、Eレベルの内容を他の人から教えてもらわず学んでいくには何が必要か考えました。それは、到達しているDレベルより少し上の世界を先に経験させることです。

本来は、Eレベルの本を山のように読んでE教材を自習する力をつけることが望ましいかもしれません。これなら教材は要りません。本当の読書好きならそれがいちばんですが、このやり方だと習得にかかる期間が予測できないし、場合によっては時間がかかりすぎてしまいます。

笑い話みたいだが

自習力のためにできることは何でもする

読書と教材学習は一体

公文式の国語教育において読書と教材学習は絶対に切り離すことのできないものです。と言うより、豊富な読書体験があった上での教材学習であり、また別の言い方をすれば、読解力（本の内容を読んでわかる力）を身につけて子どもにとって必要で十分な読書を可能にするためにこそ教材学習があるのです。ですから、教材学習でどうヒントを出すかということを考える前に、どれだけの本を読ませたかということが重要です。

（一九八九『やまびこ』一一七号）『公文式の原典』一八〇頁

公文式国語は、教材と同等のレベルを持つ文章にあらかじめ触れさせます。先に探査するイメージです。すいせん図書を先に読むことで新しい語彙に触れ、自分の世界を広げることで自習がしやすくなるという発想です。

Xレベルのすいせん図書を何冊か読んだら、X教材の学習が楽になる。その結果、Yレベルのすいせん図書が読めるようになる。Yレベルの図書を何冊か読んだら、Y教材の学習が楽になる。そうすると、次のZレベルの図書が読めるようになる。Zレベルの図書を何冊か読んだら、Z教材の学習が楽にできる……この循環が繰り返されます。

読書体験を学習に組み込むための工夫

言語教材は順番に並べにくい面もあるが

公文式国語は、読書と教材学習が一体として構想されています。どちらも欠かすことができませんが、順番は、読書を先行させるというのです。

読書は他流試合にうってつけ

確かな自習力を育てるためには、公文式を離れたところでの学習経験も必要です。公文式で身につけた力は、他流試合を繰り返すことで、より確かになります。身につけたものがよそで本当に通用するかどうか他流試合でわかるからです。他流試合の機会はたくさんあります。日常の経験もそうだし、学校の授業もそうです。なかでも他流試合に適しているのが読書です。読書を通じて手軽に自分の力を知ることができます。しかも、ジャンルやレベルが自由に選べます。難しすぎると思えば、易しい本に変えることもできます。何回でもいつでも挑戦できるのです。

成熟度のちょうどを探る

どんどん先の教材を自習で解いていくためには、読書力が重要になりますので、その子がどの程度の本を読めるかを知っておくことも大切なことです。

（一九八七『やまびこ』一〇六号）『公文式の原典』一六五頁

読める本で学習の成果を確かめる

生徒の精神面での成長は、読書傾向によって推測することができます。ふだん、どんな本を読んでいるか、どんなジャンルに興味を持っているか、どれくらいのはやさで読むことができるかなどから、生徒の成熟度がある程度わかります。

高度な読書能力を有しているのに、精神的には幼いというケースは稀です。ふつう、読書能力と精神的な成長には関連があると見られます。読書によって成熟を促すことが期待できるのです。

学習する教材が高校レベルになったとたん、急に高校生向けの教科書や参考書を薦めるのではありません。易しいレベルの教材を学習しているときから、読書レベルも徐々にあげていくことが望ましいのです。「成熟度のちょうど」を探るような感じです。くもんのすいせん図書は、その目的にうってつけです。

数学力をつけるために計算に的を絞ったように、国語力をつけるために読書力に焦点を合わせました。計算を中心に数学の世界を遠くまで探査するのと同じように、読書で国語の世界を遠くまで探査してくるのです。国語の世界に遠くまで分け入ることは、言語で深く考えること、つまり、より精神的に成長することです。

指導者は生徒と本の話をするのが大好き

読書のレベルを、長期計画で上げていく

読書は奥が深い

読み聞かせで読書に近づく

幼児・低学年に読み聞かせから始まって上手に本を与えていけば、上位5冊だけでなくて、30冊でも足らないことになります。

（一九八八『やまびこ』一〇八号）『公文式の原典』一六八頁

読書の重要性はわかっているが、どうすれば子どもが自ら本を読んでくれるようになるのかわからないという声をよく聞きます。読み聞かせをしても、聞いているようには見えないと感じる保護者は多いようです。

子どもが実際はどんな聞き方をしているのかは、わかりません。しかし、読み聞かせを全く無視しているということはなく、聞いていないように見えても、実際は感じ取っています。

いつまで読み聞かせをしたら自分の意思で本を開いて読み始めるでしょうか。子どもが、読み聞かせのスピードを遅く感じる時期が来ます。言葉同士がつながり始め、次の内容の予測が立つようになるからです。読んでもらうより自分で読んだ方がはやいと感じたら、自分で読むようになります。読み聞かせをしてもらう心地良さよりも、先のことを知りたいという欲求が勝ったら自然に読書に向かうようです。

うちの子は、聞いているのかしらん

人の声は心を落ち着かせる？

人の声には不思議な力があります。人類は主に声を通じて意思疎通を図ってきたので、声に強く反応するのかもしれません。

強い調子で罵倒されたり叱責されたりすれば、たいていの人は凹みます。逆に、語りかけるように話されれば、気持ちが落ち着いてきます。

ラジオがいい例です。眠れぬときに聞いた深夜放送。受験勉強の合間に耳を傾けた番組。極めつけは、入院先のベッドでイヤホンを通して聞いた夜明け前の放送。人の声に包みこまれるように癒された経験を持つ人は多いでしょう。

読み聞かせは、美声でなくてもかまいません。相手に届けようと思って発せられる声は聞く人を安心させます。人の声を介するからこそ子どもに伝わります。

読み聞かせをしたからといって、子どもが読書好きになる保証はないかもしれません。しかし、読んでもらった安心感や心地よさは記憶の奥に残ります。

面白いことに、自分で本が読めるようになってからも、読み聞かせを好む子どもは多くいます。たっぷり読み聞かせをしてもらった経験は、本との距離をぐんと縮めるのではないでしょうか。

声で合図、会話、歌

声の魔法が耳を傾けさせる

読書を重視する理由

読書についてたずねると、面白いから、知識が増えるから、教養が豊かになるから、人間性が豊かになるから、本を読みましょうといわれます。

しかし、それ以外にも読書を大事にしたい理由があります。

1　不安定な状況に慣れる

読書は、「不安定な状況に慣れ親しむ素敵な機会」を与えてくれます。

「不安定な状況に慣れる」というい方は耳慣れないかもしれません。不安定を好む人はあまりいませんが、実は私たちの日常は不安定そのものです。自分の身の周りことを考えればわかります。自分がかかわる世界のすべてのことがわかっているとは限りません。新たに起こることの予想がつかず、対応を見直さなければならないことはよく起こります。

日々、ニュースが紹介されます。翌日新たな事実が明らかになり、追加の情報がもたらされると、それまでの報道は影響を受けます。極端な場合、まるきり正反対の結論に至ることもしばしばです。学問の世界も同じです。安定的に見える

理由の定番

スリリング

自分の周りは不安定なものだらけ

被害者と加害者が入れ替わったり

知見も、新しい見方が発表されると、塗り替えられる可能性があります。

同じことを本の中でよく経験します。読み進めてきた内容に新しい情報が加わると、見えていた世界が一変する。読書はその連続です。不安定な世の中を写し取っているかのようです。読書は現実の世界と同じように宙ぶらりんです。読書を楽しむ人は、常に最新の情報をもとに自分が理解している世界を組み立て直すのです。

不安定が生じると、変化への対応を迫られることが多くなります。緊張を強いられます。今までのやり方を見直すことになれば、不安にもなります。現実の生活は不安定が当たり前という事実がのみこめないと、変化に伴う不安だけが増幅され、悲観的になりかねません。不安定さを受け入れた経験がないと、不安や不満ばかりが募り、冷静な判断がしにくくなります。

しかし、不安定は悪いことばかりではありません。変化を乗り越えていくチャンスでもある。見方を変えれば、とても活性化した状態です。適度な緊張が能力を活性化させ、問題を解決するスイッチが入ります。

読書は、仮想の世界で不安定に対処する体験を積むことができます。読書の一番めの効用です。

不安定さを経験したことは役に立つ

不安定でなければ解決しようと思わない

2　自分の考えを組み立て直す機会

本を読んでいて、新しい情報が予測を超えていると、自分が理解していたことをもとから見直す必要に迫られます。「こういう話だと思っていたが、違うようだ。じゃあこんな風に考えよう」という見直しは繰り返し起こります。

この見直しは、次の展開に対する新たな予測になっています。いい換えると、未知への挑戦です。挑戦というと大げさですが、本を読むときには自然に起こる現象です。読み進めるうちに「自分の考えが変化する」こと自体が、未知に立ち向かうことです。

ということは、読書によって知識が増えるから賢くなるというだけではなく、読むたびに未知に挑むことになるので、能力が高くなると考えられないでしょうか。これが、読書の二番めの効用です。

よく考えてみると、不安定を経験する読書と、読み進めるうちに未知への挑戦を繰り返す読書は、つながっています。不安定さが、新たな挑戦の機会を与えてくれるのです。もしかしたら、二つとも同じことを表しているのかもしれませんが、いずれにしても読書の効用であることに変わりはありません。

波状攻撃

考えが変化するのは考えている証拠

3　自立を促す

知識や人間性を豊かにするだけでなく、読書そのものが知らない世界への挑戦の機会になっているということには大きな意味があります。私たちは未知の事柄に挑戦することで自立していきます。ここでいう自立とは、未経験のできごとに遭遇したとき、今までに自分が習得したことをもとに、手がかりを探し、解決策を考え出すことです。

読書が未知への挑戦であり、未知への挑戦が自立を促すとすれば、進んで本を読み始めることは、自立に近づいたといえるかもしれません。自立を促すことが、読書の三番めの効用です。

4　学習法として優れる

もっと具体的な長所として、読書は学習法として優れている点が挙げられます。

①まず、読書は読み手の働きかけから始まる点です。読もうと意識しなければ読書になりません。気がついたら無意識のうちに読んでしまったというケースは考えられない。自分から動くのが当たり前というところが読書の優れた点です。

②次は、字の並びにしたがって順に読み進める点です。一時に複数の情報が届くのではなく、情報は一つずつ目に入ってきます。しかも、入ってくる速さを自

読書の予測はふつう一人でおこなう

読むには意欲が要る

文字情報の利点

分の理解に合わせてコントロールすることができる。頭が混乱しそうならスピードを緩めるし、大丈夫なら飛ばすこともできる。ゆっくり読んだり、はやく読んだり、繰り返し読んだり自由にできるのです。

③情報にアクセスしやすく、容易に確認できるという点も優れています。映画や音楽なども、確かめたい箇所に戻ることはできますが、読書ほど操作が簡単ではありません。「あれ？　なんだったっけ」とすぐに頁を繰って確認できるのは読書の大きな利点です。

④アクセスのしやすさに含めていいかもしれませんが、情報が一覧しやすく、携行しやすいものが多いという点でも読書は優れています。

以上の特徴を総合してみると、読書は学習そのものといえます。学習法として優れているのが四番めの効用です。

5　人生を生きやすく

本の中身が予測を超えて展開する可能性があることは、すでにお話ししました。私たちの人生も予測できないことの連続です。些細なことから重大なことまで、次に何が起こるかわからないなかで、判断を強いられます。予測がつかないという点で人生と読書はよく似ています。

忘れっぽい私には、ありがたい

文庫や新書サイズは特に持ち運びが楽

♪人生いろいろ♪

自分の人生であっても、思い通りに生きることは簡単ではありません。起きてしまったことのなかには、やり直しがきかないものもあります。それに対して、読書は何度でもチャレンジできます。題材も読む速さも自由に選べます。人生は待ったなしですが、読書は何度でもやり直しがききます。容易にやり直しができるのは、練習や復習にうってつけです。

人生と読書が似ているとすれば、読書を通じて「不安定な状況を飼い馴らす」、あるいは「何度でもチャレンジして自立する」、その練習を繰り返すことは、人生を生きやすくするのではないか。これが、読書の効用のまとめとしてお伝えしたいことです。

読み直したい本のリストを持つ人は多い

コラム6　本を読まない大学生

私自身の話です。今では本に親しむようになりましたが、もともとはそうではありませんでした。小さい頃、あまり本を読みませんでした。読むようになったのは大学四年生以降で、ふつうの本好きに比べるとずっと遅いのです。

特に図書館が苦手でした。中学一年生のとき、図書館でお弁当を食べていたら、「なにしているんだ。ここは弁当を食べるところじゃない」と先生に注意されました。ちょうど、もう一口で食べ終わるところだったので、あとさきを考えずに、目の前で最後の一口をパクッとやってしまったのです。当然のことながら先生は怒りだしました。

あまりの剣幕に、身の危険を感じた私は図書館から逃げだしました。すると先生は竹刀を片手に追いかけて来たのです。学校中を必死に逃げ回った記憶があります。以来、図書館も本も敬遠するようになってしまいました。

大学に進学したものの、どの授業にも興味が持てません。大学で学ぶ前提となる知識を吸収してこなかったのが原因だと思います。その後も人文科学や社会科学の基礎に触れないまま過ごし、教科書すらあまり開かずに四年生を迎えました。

今でも図書館で本を読むのは苦手

まさか本当に追いかけて来るとは

情けない

　ある日、私がかつていた下宿に新しいメンバーが入ったということで、その新人を紹介されました。初めて会ったＳくんは、まばらな私の本棚を見て「笠さんは本を読まないんですか」と驚いた風でした。心底恥ずかしいと思いました。

　数日後、Ｓくんが「読んでみませんか」と、ある対談集を置いていってくれました。対談のせいか、すらすら読むことができて楽しめました。その後も彼はよく本を持って遊びに来てくれました。順に読んでいくうちに、不思議なことに本に対する苦手意識が薄れていったのです。

　面白く読めると、同じ作者の作品が読みたくなります。同じジャンルの本が読みたくなります。その分野の知識が増えてくると、少々わからないことがあっても、何とか読みつないでいけるようになるのです。

　今は、医者になっているＳくんに感謝しなければなりません。

本を縦に並べられないくらいまばら

Sくんによるすいせん図書

五章　公文式の指導者

指導者の役割

教えない指導者は何をするのか

公文式は、自分で気づくことを大事にするので、指導者は安易には教えません。指導者の仕事は、自習する力をつけることです。そのために、生徒にとってのちょうどを見つけて提供し続けることです。

公文式教材で自習の経験を積むことはできますが、漫然と学習するだけでは自習力に結びつくわけではありません。自習力をつけるには、自習学習の完成度をあげなければなりません。完成度が伴ってくると、学年を越えて進むのが楽になります。公文を卒業してからも自分の力で進み続ける自習力をつけることができるようになります。公文式の指導者は、学習の完成度を常に意識します。

いじわるではなく　自習のお作法

教材を漫然と繰り返させない

自学自習の完成度をあげるとはどういう意味でしょうか。

理解度を示す点数があがり、解答に至る時間が短くなると、自習の完成度も高くなります。けれども、それらは学習の質の一部しか表していません。完成度をあげておかなければならない要素は他にもあるのです。

答案をいつもいつも殴り書きする生徒がいます。標準完成時間が気になって焦るのかもしれません。学習が負担になっていて、少しでもはやく解放されたいのかもしれません。しかし、このような学習を繰り返すようでは、正答率や時間のデータが良くなったとしても、学習の質が向上したとはいえません。

たとえば、一回目よりは二回目、二回目よりは三回目の復習の字が読みやすくなる。解答のレイアウトが美しくなる。解きかたに工夫を凝らしている。こんな兆候も、完成度の高まりを表します。

指導者は、これらの変化も見逃さず、良くなった点を認めます。そして先の教材を学習する準備が進みつつあることを生徒に伝えます。

手本から学ばせる

スポーツや音楽などの世界では、師匠やコーチなど、指導を担当する人が最初

本人も読めない

ぐんと学習しやすく

に手本を示します。やがて、一緒に学ぶ仲間の中から自分より上手な人を見つけ出して目標にするようになります。手本とする人からは、技術だけでなく練習の仕方も学べるのです。

一方、学校の勉強などは、どう学べばよいかイメージするのが難しい面があります。頭の中で考えることは目に見えないので、注意深く観察しないと誰を手本にすればいいのか、手本からどのように学べばいいのか、すぐにはわかりにくいのです。

たとえば、M教材に進んだ生徒にKやJ教材を、E教材学習中の生徒にCやB教材を採点させるのです。そうすれば質問なども生徒同士で教えあったりすることになり、教える側の生徒にとっても理解を一層深めることになるでしょう。これは緒方洪庵の適塾で、優秀な塾生がグループ学習のリーダーをつとめたことがモデルです。ぜひ、この「採点委員」制を実験していただきたいと思います。ただし、実施にあたっては、採点をしたり他の子どもに教えたりすることが、採点委員本人にとっても「復習になって学習の効果が上がる」のだということを親にしっかり伝えておくことが大切です。

（一九九〇『やまびこ』一二三号）『公文式の原典』一八八頁

名プレーヤーは練習法も際立っている

他人の勉強法は意外に見えにくい

福沢諭吉や大村益次郎も学んだ

指導者が手間を省きたいからではなく

高い進度の生徒に下のレベルの教材を採点させる教室は、実際は、ほとんど見かけません。採点する人、採点してもらう人、双方に効果が見込めるものの、このやり方がすぐに取り入れられるわけではありません。個々の教室には、それぞれの状況に応じた運営法があります。

「採点委員」を設けるまでには至らなくても、採点をまかせられる生徒は他の生徒の手本になる、という考え方は活かすことができます。学習の完成度が高い生徒は、進度にかかわらず他の生徒の目標になります。注意して見れば、目標になる生徒は必ず見つかります。保護者も生徒も、公文式教室に行くたびに注目してみるといいでしょう。そんな生徒が多い教室はよい教室です。

学習の取りかかりがはやい。ペースが一定して乱れない。プリントの裏面に移るとき、中だるみしない。机の上に必要最低限の文房具を使いやすく配置している。読みやすい字を書く。学習する姿勢も美しい等々。学習しているだけで手本としての情報を発しています。教室に良い緊張感が生まれます。

学習姿勢の整わない生徒を、手本になる生徒の後ろに座らせる。手本になる生徒が解答したプリントを、了解を得て他の生徒に見せる。併せて、見倣うべき点

教室の歴史

教室が引き締まる

見やすい環境を作る

について、簡潔なコメントを添える。このような指導は、多くの言葉を用いた説明よりずっと高い効果があります。

教室の存在意義

字の書き方などの完成度が、教材レベルを超えるようになれば、誰でも手本としての役割が果たせます。3A教材を学習している生徒でも、2AやAに進んでも大丈夫と思える答案が書けるなら、みなの手本になります。

3Aの手本レベルに至った生徒は、進度の高い生徒にとっても参考になるのです。まず、3A教材を超える完成度に到達したことに敬意を払います。かつて自分が学習した教材の手本を見ることで、自分の学習はどういう点が良くてどういう点が至らなかったか、振り返ることになります。

教室では、互いが手本になり合います。これが教室学習の良さです。それぞれが学びの質を高め合う教室にしたいと指導者は心を砕きます。

学習の完成度を高めるよう口で説明しても、うまく伝わらないことがあります。百聞は一見に如かず。手本が自然と目に入る状況を作り出す方が、伝わりやすいのです。指導者は、手本になるような生徒を一人でも多く育てたいと願っています。

年齢に関係なく

生徒本人が、自分の手本を探す

手本は説明より雄弁

幼児レベルの教材を重視する

指導者は、6A・5A・4A・3A・2Aなど幼児レベルの教材指導には特に神経を使います。今までの説明でおわかりいただけるように、これらの教材は、幼児だけが学習するとは限りません。

難しい教材に進んでしまうと、内容以外のことに気を遣えなくなる可能性があります。楽にできる教材のうちに、答案の書き方など学習の質をあげ、無意識でできるよう習慣にします。教材の出発点を低くとる理由はここにもあります。

数学教材でいえば、計算の導入段階で、字を丁寧に一定の大きさにそろえて書けるレベルにまで仕上げておきたい。B教材に入ったら、見やすい字を、教材の活字に似た大きさでスピードをもって書き続けられる力をつけておきたい。

指導者は、生徒の発達に応じて、学習の仕方に対する要求水準をあげていきます。楽にできる教材で学習の質を高めておくと、自習力につながりやすくなります。

「教えない指導」は保護者も使える

教えないで能力を高める方法は、公文式だけの指導技術ではありません。保護者は、指導者に比べ子どもと接する時間が長いので、自分が手本になる機会が多いはずです。ちょっと意識するだけで、教えなくても手本が示せます。

学力だけで出発点を決めるわけではない

気持ちの良い答案を書く生徒は伸びる

背中を見て育つ

　たとえば、読み聞かせは手本を示す絶好の機会です。何回も読み聞かせることによって、教えようと力まなくても、日本語のリズムや意味が自然に伝えられます。新しいジャンルに興味を広げることができます。読み聞かせたあとの会話を通じて、言語能力をさらに高めることができます。

　どんな本を読み聞かせたかだけでなく、子どもの反応や変化がどうだったかを記録に残すのは、お勧めです。子どもの反応や変化は、言葉を使う能力が向上しつつあることを知る手がかりになります。

指導者の特質

夢にまで見る

　午後3時になり4時になり5時になっても生徒が1人も来ない。そう言えば、前回の学習日にあの子をきつく叱った。それを見ていて全員やめてしまったのではないか。冷汗がスーッと流れる。目が覚める。ああっ、夢でよかった。私自身、教室をしていた頃はよくそんな夢を見たものです。公文のことを夢にも見ないような先生の教室に通う子どもは不幸なのではないでしょうか。

　なぜ夢にまで見るかと言えば、うちの先生方は反省心の強い方が多いからです。10人中8人はうまくいっていても、うまくいかない残り2人のこと

子ども自身の興味・関心もわかる

思い当たる指導者は多いはず

いつも気になる

が気にかかって、失敗したと過剰に責任を感じている。
（一九八七『やまびこ』一〇七号）『公文式の原典』一六六頁

指導者の気持ちがよくわかる文章です。

指導者は生徒の学習成果が最大になることをめざして、一人ひとりの進め方を考えます。生徒自身の力で乗り越えられると判断して思い切って先に進めたり、このままでは行き詰ると心配して指導を入れたり、進度を戻したりします。

学習は、うまくいくこともあれば、いかないこともあります。うまくいかないことを気に留めないなら悩みもありませんが、指導者はうまくいかない生徒のことが気になってしょうがないのです。学習の進め方について悩み始めると切りがありません。生徒のことが気になって夜眠れないこともあります。この気持ちは、実際に指導者の経験をしないとわからないかもしれません。

指導者も個人別

生徒に個人別・能力別があるように、指導者にも個人別・能力別があります。教育は反省し続けねば進んでいきません。ありがたいことに、当会の最大の特長は、反省するのが大好きな指導者が非常に多いということです。

迷うときは迷う

本当に眠れぬことも

常に振り返る

（一九八四『やまびこ』八五号）『公文式の原典』一三七頁

指導者の能力にも個人差があるといっています。ただし、その能力が指導にどう結びついているかは、はっきりしません。

数学の得意な指導者は数学の指導が上手かといえば、必ずしもそうとはいいきれません。コミュニケーション能力の高い指導者なら、うまく生徒を導くことができるかといえば、そうともいいきれません。指導歴の長い指導者なら……若くて元気のいい指導者なら……どれも決め手になりません。指導がうまいといわれる指導者が力を発揮する確率は高いかもしれませんが、それでも絶対とはいえないのです。

生徒と指導者の相性は、偶然や不確定の要素に左右されるのも事実です。保護者ご自身の学生時代を思い起こして、先生から受けた影響を振り返ってみると、納得されるのではないでしょうか。

指導者は諦めが悪い

公文式の指導者も一人ひとり違っているのは当たり前ですが、一方では、全員が簡単には諦めないという共通の特質も持っています。公が残した「こんなもの

公が指導すれば必ずうまくいく？いや……

はいつもなく、もっといいものはいつもある」という言葉を胸に刻んで指導にあたっています。

反省が大好きで「完全無欠の方法などあり得ない。もっといい方法は必ず見つかる」と信じています。うまくいかなかったら、他に何か方法はないかと反省する。うまくいったらいったで、もっとうまくいく方法はなかっただろうかと反省する。何ごとにつけても、こんなものだろうとか、これでよしと安心することがないのです。因果な特質です。

指導者と生徒・保護者は、たとえ偶然の出会いであっても、お互いが最善を尽くして能力を発揮できるよう力を合わそうと努めるのが素直な考えです。そのうえで相性を判断しても遅くはありません。

指導者は変化する

わずかな経験で、わかったつもりになることを、私は「つるし柿」と言っていますが、この意味は、へたなりに固まるということです。いくらキャリアを重ねても、公文式はこんなものと、わかったつもりになったら、そこからの向上はありません。

（一九八七『やまびこ』一〇四号）『公文式の原典』一六一頁

粘り強く

なんの因果か

手の内を出し尽くしてから

「へたなりに固まる」という駄洒落は、受け取り方によっては失礼に聞こえます。指導技術が低いことを指しているのではありません。高い技術を持った指導者も、その対象になり得ます。新しい指導法がどんどん見出されるなか、以前の指導にこだわり続けるのは指導技術を磨いているとはいえず、「へたなりに固まる」ことになります。

公は、電話で指導者たちと頻繁に情報交換をしました。そのなかで、やりとりが長続きする指導者は限られたといわれます。

より良い方法を追求する公は、指導者に対しても変化を求めました。公の指導者に対する対応は、相手が変化し続けているかどうかによって違っていた可能性があります。

どんなに優秀な指導者でも、自信があるからといって指導法を変える必要がないと思い始めたら、公は距離を置いたのではないでしょうか。指導者が変化しなくなることをいちばん恐れたのではないかと思います。

公は、指導者や社員に対して思い込みを排するよう、さまざまな揺さぶりをかけました。まるで「健全な不安定」が、いちばん活性化するといいたいかのようです。

我執にとらわれすぎない

先輩に聞いた話です

安定しすぎると知恵が出ない

コラム7　先生の影響は大きい

自分の力で進もうとしている生徒に、周りがどう接するかで本人の意欲が大きく違ってきます。私自身もそのような経験をしました。みなさんも似たような経験があるはずです。

先生が描き加えた

子どもの頃、私は絵を描くのが好きでした。小学校一年生の担任は図画工作の指導が得意な先生で、注意力散漫な私が辛抱強く取り組めるのは図工の時間だけでした。

あるとき、学校をあげてコンテストに応募することになりました。私は、鉄橋を渡る蒸気機関車を描くことにしました。その頃はまだ蒸気機関車が走っていたのです。燃料の燃える独特の臭いを思い出します。

絵はほとんど仕上がりましたが、先頭部分がうまく描けず、何回も描き直しました。すると、横で見ておられた先生が、ひょいと手を出して西部劇の映画とか絵本に出てくるカウキャッチャーのようなものをクレヨンで描き加えたのです。

何をやっても飽きる

気に入ったものが描けなかった

私が直しているうちにその部分がどんどん汚くなって修復不能になるのを心配したのかもしれません。あるいは時間切れになって仕上がらなくなるのを恐れたのかもしれません。ひょっとすると、すでに修復不能になっており、大きなカウキャッチャーでしか汚れを隠せなかったのでしょうか。

しかし、いくら生徒の作業が心配だからといっても、これは反則です。もちろん、実際の機関車はそんな風には作られていません。とても不満に思ったことを覚えています。

小学一年生でも自尊心は持っているのです。

この子はおかしくない！

中学校一年生のとき、美術の授業で「忘れえぬできごと」というタイトルで作品を作ることになりました。

三歳の頃、私は便所に三回落ちたことがあります。私が住んでいた家の便所は母屋から離れたところにあり、汲み取り式でした。幼児が落下する事故は珍しいことではなく、死亡事故もあったようです。それにしても三回は、落ちすぎです。

幸い大事には至りませんでした。寒いなか、母に手を引かれて用水路まで体を洗いに連れて行かれた記憶があります。

写実主義

運動神経の問題かも

その経験をもとに、落ちた本人の視点から便所口を見上げている力作を描きました。全員の絵が完成すると、教室の後ろに貼り出されました。参観日に私の作品を目にした保護者から「この生徒は精神的に何かおかしいのではないか」という声が出たそうです。しかし、美術の先生はこの絵を認めてくれ、何かと声をかけてくれました。

他のクラブに入っていたので美術部には入りませんでしたが、隠れ部員として出入りを許されました。先生から、絵の話をたくさん聞かせてもらいました。美術部員に交じって私の作品を展示してくれたりもしました。

あるとき、部室で画集を眺めていると、「単純と単調はまったく違うものだ。単調に陥ってはいけないが、単純であることは美しいし素晴らしい」といわれたのです。

そのときは何をいわれているのか、よくわからなかったのですが、その後ずっと気になる言葉でした。先生のオリジナルか、昔からよくいわれていることなのか知りませんが、勝手に名言だと感心しています。

自己流の解釈

小学校のとき、前方後円墳（ぜんぽうこうえんふん）という言葉を習いました。

私はおかしくない

何か大事なことを言われた気がして

墳墓の前の部分が方形で、後ろの部分が円形という説明も聞きました。「ぜんぽう」という音は、「前の方」というイメージにつながり、「方形」の意味が抜け落ちる気がして、読み方に納得がいきませんでした。

高校に入学して、国語の授業で「人間いたるところ青山あり」の話を聞いたときのこと。先生が「これは（にんげん）とも読むが（じんかん）とも読みます。私の感覚としては、世の中を表す意味で（じんかん）と読みたい」とおっしゃったのです。なるほど、読み方によって意味やイメージも違ってくるのだと納得しました。

授業が終わって先生のところへ質問に行きました。

「小学校で前方後円墳という言葉を習いました。授業でうかがった『人間』の読み方を参考にすると、この言葉は（ぜんぽうこうえんふん）と読むより（ぜんほう、こう　えんふん）と読む方がいいのではないでしょうか。『前方』は前の方を意味するのではなく、前が方（形）ということですから」

「面白いことに気づいたね。確かに一理ある。ちょっと調べてみるといい」と、先生はエールを送ってくださったのです。

その後すっかり忘れてしまって詳しく調べることはなかったのですが、後年、インターネットで検索したところ、前方後円墳を（ぜん　ほう、こう　えんふん）

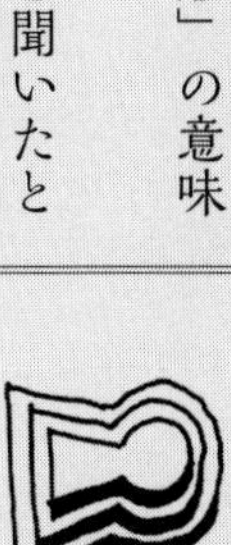

勝手な思い込み？

と読む例は見当たりませんでした。やはり素人考えにすぎなかったのかもしれません。

それでも、言葉は面白いと思わせてくれた先生のことをときどき思い出すのです。

残念

六章　公文式についてよく持たれる疑問

多くの人にとって、公文式の考え方は最初からすべてが納得できるわけではないようです。初めて出合ったときだけでなく、長く利用していても疑問が残ったままのことがあります。それらの疑問には共通のものが多く、公文式には、疑問を生みやすい面があるのかもしれません。

誤解されやすい傾向

常識では理解しにくいわかってもらいにくいと予想

わかりそうでわからないもどかしさ

公文式というのは、すぐにわかりそうでなかなかわかりにくいものでもあり、この仕事を始められた方でも、本を読んだり説明を聞いただけでは、とても信じられないことも多いのではないでしょうか。

（一九八〇『山彦』六二号）『公文式の原典』九四頁

公は、公文式が理解しにくいということをいろいろないい方で書き残しています。世間に理解されない恨めしさがいわせたのでしょうか。よく読むと、本当に理解されにくいと思っていた節があります。

「仕事を始められた方」とは、公文式の指導者になったばかりの人たちを指します。一般の人より詳しい説明を受け、研修を受講した指導者でも、経験を積むまでは公文式の効果を信じられないといっています。

公文式は、高度な内容を含むので理解するのに骨が折れるというのではありません。公も「当たり前のことを当たり前にやっていくシンプルな方法」といっているのですから、難解すぎるということではないのです。

ということは、公文関係者には当たり前のことが世間では当たり前ではない。「公文式はわかりにくい」というより「公文式の考え方は一般常識からかけ離れているので最初はなかなか受け入れてもらえない」というのが正しいのかもしれません。

本音がいえなかった

おかげさまで、私が昔から言いたくても言えなかったことが、この1～2年の間にずいぶんと言いやすくなりました。

（中略）

公文式の学習効果というものは、これまで「算数・数学の学力がつく」と

1％の恨めしさ

表現は簡単なものが多い

公文の常識は世間の非常識

腹ふくるる

いうことをまず第1にあげていました。けれども最近では、学力以前に「まず自主性と集中力をつけるものである」ことを強調しても、信じられるようになりました。

（一九八〇『やまびこ』五九号）『公文式の原典』九〇頁

公文式を広め始めた頃は、効果を納得してもらうために、学校の成績があがることを強調していました。

学習事例が集まってくるにつれて、公は、もともとのねらいを口にするようになります。学力を効率よく高めるには、学力を支える他の力も育てる必要がある。公文式でそれらの力が強くなれば、成績は当たり前のようにあがります。公は、公文式は自主性や集中力などの能力をつける最適の方法だというようになりました。

多くの保護者は、成績を上げるためや受験に有利という理由のために、子どもに公文式を始めさせます。公が強調するような能力開発をめざして始める例は少数と見ていいでしょう。

ところが実際に学習を続けていくうちに、効果はそんな控えめなものではないと気づく生徒や保護者が現れます。学習している科目の成績があがるだけでなく、

目標が少し抽象的になる

遠回りに見えても最も効果がある

ふつうのきっかけ

使っている本人が一番よくわかる

他の科目の成績があがったり、学習態度に余裕が現れたり、精神的に成熟して自立性がついたりする例が見られたのです。

部分を集めても全体はわからない

（中略）耳にさわったものは、象とは平たいものだと言い、脚に触れたものは、太い柱のようなものだと言う。全体のことはさておいて、部分部分についていえば、確かにある程度そうである。というものの、公文式自体はそうではない。

（一九八二『やまびこ』七五号）『公文式の原典』一二一頁

自分自身が公文式の中心人物なのに評論家みたいないない方です。

公は、生徒が少しでも自習しやすくなるよう、教材改訂や指導法の見直しを頻繁におこないました。加えて、知的な能力を伸ばすためには、学力を伸ばす以外にもやることがあるという確信にもとづいて、やれることは何でもやろうと努めました。

これらの多岐にわたる活動が、部分を集めても全体はわからない状態を生んだのかもしれません。

私たちには全体が見えていないらしい

公文式の財産

公は既成概念にとらわれない

公は、独特の過激な表現をよく使います。もともとそのような性格だったのか、数学者としての思考の癖なのかはわかりません。既成概念にとらわれず、突き詰めて考えることで先入観を打ち砕きました。

小学生に微分積分、自学自習で学年を越える、計算力に絞る、学習の調子を時間で測るなど、常識破りの連続です。いずれも、最初に聞かされた人はギョッとしたはずです。そのうち事例が積み重なるにしたがって、賛同者が増えてくることがよくありました。

既成概念にとらわれないどころか、場合によっては、今までの主張と異なる主張を展開することもありました。この章の最後のコラムで紹介する「特別研究生」などはその典型です。

独特の表現

公文式の価値の知り方というのは、子どもの能力の価値の知り方でもあります。

（一九八一『やまびこ』六七号）『公文式の原典』一〇五頁

魅力のもとでもあり
誤解のもとでもある

殻を破り続ける

間接話法

公は、考え方だけでなく、もののいい方も独特なので、公文式がよりわかりにくくなっていますね。自分の確信をわかってほしいと願う一方、その伝え方は屈折する傾向が見られます。この引用は、公文式とは何かを直接表すのではなく、間接的に説明しています。何をいおうとしているのか、すぐにはわかりにくい。

公文式の価値がわかればわかるほど子どもの能力の価値がわかる。いいかえると、子どもの能力の価値が少ししかわからないと、公文式の価値も少ししかわからない。

実は、この文のあとに「子どもの能力は計り知れないほど素晴らしいものであり……」という文言が続きます。結局、「公文式は計り知れないほど素晴らしい」と遠回しにいっているようです。手が込んでいます。

創始者にも公文式がわからない?!

それにしても子どもの能力は凄いものです。当会の理念というのも、今から20年以上前に作ったものであり、理念そのものを変えていかなければならないかもしれません。私がこの仕事を始めた時に思ったことと今では、大きなちがいがあり、そのため何が公文式であるかは、まだいえないほどです。

複雑な心理

回り回って

私たちにとって理念以上のものとは、子どもにきくことです。世間一般は、あまりにも子どもにきかなすぎ、現在の私たちもまだまだ足りないことが多いのではないでしょうか。公文式というのは何もなくて、ただ「生徒から学ぶこと」、これひとつであるといえそうです。

（一九八五『山彦』九三号）『公文式の原典』一四七頁

びっくりするようなことが書かれています。子どもたちから学び続け、公文式とは何ものかはっきりしてくると、会社の理念すら見直す可能性があるというのです。この大胆な宣言自体が公文式の特徴といえます。

かつて社内で「良いものはすべて公文式である」といういい方がされた時期があります。公自身が口にしたことかどうかはっきりしませんが、理解しにくい表現です。どんな画期的な方法が見出されても、すべて公文式に含まれるというのです。「式」を逸脱した思考停止の主張に思えます。

引用では、「公文式というのは何もなくて、ただ『生徒から学ぶこと』、これひとつである」と結論づけています。このいい方からすると、公文式を知るのが難しいのは、子どもを知るのが難しいからということになります。人間を知ることが難しいといっているのと同じです。

謙虚ともいえるが

肉を切らせて骨を……

ちょっとずるい

「公文式を知るのが難しいのは、人を知るのが難しいから」といい直した方が、わかりやすいかもしれません。公文式を説明することはなかなか難しいのです。

授業をまじめに受けなくなる

聞かなくてもわかる子ども

学校の先生方がよく言うことに、生徒には「学校の授業を聞いてわかる子ども」と「聞いてもわからない子ども」の2通りがある、ということがあります。しかし、私は「聞かなくても、よくわかる子ども」というもうひとつがあるということを強調しています。

（一九八九『やまびこ』一一六号）『公文式の原典』一七八頁

公文式は、授業を聞かない子を育てたいのではありません。授業を聞かなくてもわかる生徒を育てたいのです。「聞かなくてもわかる」とは、教えてもらわなくても自分で先に進む力があるという意味です。

この力をつけるには、精神的に成長する必要があります。足を踏み入れた未知の世界がどんな意味を持っているか、想像できなければならないからです。学年

これならわかる気が

突っかかるような言い方

自分を取り巻く世界を冷静に観察する

を越えたら教科書や参考書を読んで意味の世界を広げるように促すのは、そのためです。意味が他から与えられるのを待つのではなく、自分で探します。

聞かなくていいわけはない

公文式数学は、計算だけでも学年を越えて進むことができるため、意味がわかっていないにもかかわらず、わかった気になる場合があります。進度が学年を少し越えたあたりで起こりがちな現象です。

「公文でやったもん！」といって授業を聞かない生徒は、理解している意味の世界がまだ狭い可能性があります。授業に対する取り組み方から、生徒の成熟度がある程度推測できるのです。

一方、学年を大きく越えて進んだ生徒は、数学の世界を謙虚に眺めるようになります。精神的にも成長し、自分が習得したことを納得するため意味を求めるようになります。そのような生徒は、学校でやっていることが易し過ぎるからといって授業を聞かないということはありません。学校の先生の説明を、意味を補強するものとして受け止めるからです。

まれに、本当に授業が面白く思えないことがあるかもしれません。授業に工夫が見られない場合などです。そんなときは、自分ならどんな説明をするか考えて

実るほど……

授業が面白くない原因を探してみる

みると面白い。相当の力がなければ意味を説明することはできないので、よい頭の訓練になります。

意味の世界

学習者が理解する「意味」には、いろいろなものがあります。厳密な数学的論証、わかったような気にさせる説明、興味を惹きそうなエピソードなど、様々です。わかったような気になることにも効用はあります。わかった手応えを感じて、その教科が好きになったり得意になったりすることはよくあるからです。

学年を越えて学習したからといって、内容がすべて理解できるわけではありません。公文式学習法の最初の生徒になった長男も、小学六年生で微分積分の計算はできても、意味まではわからなかったと証言しています。

最初は意味が理解できなかったけれども、先に進んだあとで振り返ってみて「そういうことだったのか！」と膝を打つ経験は、多くの人がします。たとえば、数Ⅱ・数Ⅲの勉強をするようになって、数Ⅰの勉強からしばらく離れていたのに、不思議と数Ⅰのことが以前よりわかるようになったりします。

意味の理解を過度に求めて足踏みさせるのはもったいない。自力で先に進むことができれば、進むことで意味の世界が広がります。先へ進む力があるのに学年

「意味」には、いろんな意味がある

私にも覚えが

に合わせなければならないとすれば、それぞれの能力を活かし切れないかもしれません。力のある生徒は、先に進ませてみたいのです。

公文式は、意味がわからなくてもいいといっているのではありません。意味は自分の必要に応じて補強していけばいい。どんな「意味」によって理解が深まるかは人によって異なります。必要な意味は自分で見つけ出すのが一番望ましいのです。

理解している意味は人それぞれ

数学をどの程度理解して使っているかを理系の友人に聞いてみると、レベルはばらばらのようです。

工学系の人の多くは、微分積分を道具として使うけれども厳密な意味まで理解しているかといわれると自信がないといいます。

『物理数学の直観的方法』〈長沼伸一郎著〉によると、数学が得意そうに見える物理学者と数学者にも相当の温度差があります。物理学者の扱う数学も、数学を専門にする人たちの厳密な数学とはかなり異なるようです。

理系の人たちも、自分の必要に応じて意味を補強しながら数学を使っています。

意味を感じるからこそ興味を持つ

理系はみな数学理論に詳しいと……

深く考えなくなる

どこで頭を使うか

ややこしい計算も、復習を重ねると驚くほどはやくできるようになります。そのため、公文式で学習する生徒は、あまり考えていないのではないかといわれることがあります。

はやく計算ができるのは、単に機械的に処理しているからではありません。例題や問題から得たヒント、数の並び、直前までの操作の結果、他の問題との比較などを頭の中に瞬時に思い浮かべるのです。これは頭を使っていることに外なりません。操作に習熟してくると、考えて処理する時間が短縮化されるため、考えないで計算しているように見えるのです。

はやく正確な処理ができるようになるのは、慣れだけでは実現しません。慣れて学習が楽になった分、より正確に計算をおこない、スマートな解答を書くにはどうしたらいいか、今まで以上に神経を使うのです。

計算の過程が改善されていれば、惰性で繰り返しているのではないとわかります。指導者は、点数と時間だけで進め方を決めるわけではありません。プリント

いろいろな頭の使い方がある

採点は指導の手がかりの山

を採点すれば、式の書き方などから、考えて解いているかどうかがわかるのです。

学年を越えても楽に進めるなら

考えて解く習慣がついているかどうかは、学年を越えて進むとわかります。考える習慣がついていれば、学年を越えても自習で進むことができます。得た知識を総動員して取り組むからこそ、大きく学年を越えられます。知識を総動員するのは考えている証拠です。

反対に、学年を越えると学習意欲が低下してしまう場合は、機械的な学習になっていた可能性があります。平凡な問題ばかりが並んでいるとはいえ、考える力がついてこなければ自習で大きく学年を越えることはできません。

国語力が考える力を高める

自学自習で高校教材をやっていこうとすれば、国語力のあるなしが大きく影響します。例題をよく読む姿勢は国語力に関係が深く、＊『手引』＊を見て考える際にも、国語力が弱ければ、数式から数式への行間を読みこむことができず、ただ写す学習になってしまうでしょう。

国語力の大切さを日頃から伝えていくことはもちろん、国語の学力診断テ

大きく学年を越えるだけでもすごいこと

計算の意味を理解するには国語力が要る

ストを定期的に受けさせて、その子の国語力を把握しておきたいものです。

（一九八七『やまびこ』一〇五号）『公文式の原典』一六三 - 一六四頁

＊『手引』は、数学の高教材で解答に至る過程を解説した冊子です。

公文式数学は計算を突破口にして先に進みますが、楽に学年を越えるためには、計算力のほかにつけておかなければならない力があります。その筆頭が国語力です。国語力に注目するのは、精神的な成長と関係が深いからです。人間の思考は言語能力に支えられています。高い言語能力を持てば持つほど、深く考えることができるといえそうです。国語力が高くなると精神的に成熟してくる可能性が高いのです。

指導者は、公文の学習教科に関係なく生徒の国語力に注目します。教科にかかわらず、国語力の有無が自習力に影響を与えることを知っているからです。そのため、定期的に国語の学力診断テストを実施するのです。

教科書を読む

たとえば、5年生以下の生徒であっても、数学がE教材に入ったら小5の

手を尽くして国語力を確かめる

教科書を、J教材に入ったら数Iの教科書を必ず持たせたいものです。生徒の関心と誇りを高め、指導もラクになり、定着性も増します。

（一九八七『やまびこ』一〇五号）『公文式の原典』一六四頁

公は、学年を越えて学習している生徒には、今取り組んでいる教材レベルの教科書を読ませるよう繰り返し述べています。特に高校教材に取り組むようになれば、この過程は絶対に必要です。

興味をもって読めるものであれば、教科書以外の参考書でもかまいません。ただ、あまりレベルの高いものや量の多いものに挑戦すると、負担が大きすぎることがあります。その点、高校の教科書は説明も平易で量も少なく、うってつけです。

答えのない問題に取り組む力がつかない

答えのない問題とは

これからの時代を生きていく子どもたちは、「答えのない問題」に取り組む力をつけるべきだといわれます。

「答えのない問題」とは、答えが見つかるかどうかはっきりしないもの、答えが

生徒本人の自信に

数学の教科書は教室に何種類か揃えたい

それに何より安い

まるで合言葉

正解かどうかすぐにはわからないものを指します。要素や条件が複雑すぎて簡単には解けそうもない問題がその典型です。人類は、答えのない問題を解決することで世界を発展させてきました。

　ところで、答えのない問題は類型化できないため、トレーニング方法を見つけるのが難しい。そのつど全力で解決するしか手がありません。決め手があるとすれば、解決したいという強い意欲だけです。

答えは、理解されてこそ意味がある

　難易度は別にして、「答えのある問題」と「ない問題」に本質的な差はありません。あるとしたら、「答えのある問題」は問題集に載っているので解けるはずだという安心感くらいです。

「答えのない問題」は、答えにたどり着いても本当に解けたかどうか簡単にはわかりません。そのためにも、最適の答えになっているか、納得を得やすい答えになっているかを示す必要があります。

　答えは他の人に理解されてこそ意味があります。「答えのない問題」への取り組みに向くといわれる「能動的な学習」でも、互いの考えがやり取りできなければ、グループワークが成り立ちません。相互に理解を得るには、一定のルールを

練習しにくい

問題を前にした人にとっては同じこと

説明責任

学ぶ必要があります。

アインシュタインは「答えのない問題」に取り組んで、相対性理論を打ち立てました。当初は、難解すぎて限られた人にしか理解されなかったそうです。それでも、次第に認められるようになったのは、論文がきちんとした作法に則って書かれているからだといわれます。

どれほど独創的な答えを導き出しても、意味のわからない文章や数式で構成されていたら、それは「答え」ですらありません。

答えのある問題の役割

答えのない問題を解く力が大事だとしても、答えの用意されている問題が不要になるわけではありません。

答えのある問題は、答えに価値があるというよりも、解く過程に価値があります。解き進めるうちに適切な論証の仕方が身についてきます。この力がついてくると、自分の出した答えに至る筋道を相手に伝えることができるようになります。

答えのある問題と、答えのない問題の役割を取り違えてはいけません。基本的な論証法を学ぶ段階なのに、答えのない難問に取り組ませることは、負担が大きすぎる場合があります。たとえていえば、正しい表記や表現法を身につけようと

棲み分け

している生徒に、誰も書いたことのない名作を創作するよう求めることになりかねません。答えのある問題も答えのない問題も、それぞれに役割があります。

余談ですが、答案を丁寧に書くことを勧めるのは、相手に理解してもらいやすくするためです。自分の答えに納得してくれるよう促すのですから、相手が読みやすいよう心がけるのは当たり前です。

問う力

私たちは「解決する」ことに気をとられて、問いそのものにあまり注意を払いません。「答えのない問題に取り組む力をつけること」に劣らず大切なのが、「問う力をつけること」です。「答えのない問題」の難しさも、どんな問いを立てればいいかわからないことに起因する場合が多いのです。

学問、仕事、芸術、スポーツに限らず身の周りで起こることの大半は、最終的には自分で問いを立てなければなりません。道を究めれば究めるほど、自分で問いかけ、解決法を探すことが多くなります。

問いを立てる前提として、まず疑問を感じなければなりません。疑問すら抱かないなら、問いを立てようとは思わないでしょう。逆にいうと、疑問を感じれば、問いが立てられる一歩手前にいることになります。

いきなり傑作は無理

味方を増やす

良い問いは良い答えを導くと言われる

アンテナを張る

問いを立てる万能薬は簡単には手に入りません。答えのない問題が類型化できないのと似ています。

既成概念を疑うこと、当たり前とされることを鵜呑みにしないこと、よく観察することなどの方が、問いを立てるのに役立ちそうです。

教えてくれない

教えることもあれば、教えないことも

くり返しになりますが、公文式は「教える必要のある生徒には徹底して教える指導法であり、そして定着するまでくり返し練習する。だからこそ結果として教えられなくても進んでいける」というのが、あくまで本体です。

（一九九三『やまびこ』一三八号）『公文式の原典』二一〇頁

公文式は「教えない」ことでも有名です。教えてもらうのは、必ずしも悪いわけではありません。適切に使えば質問は有効な学習手段です。しかし、自分でできることをしないで、すぐにやり方を聞こうとするのは避けます。これでは考える習慣がつきません。

万能薬あれば欲しい

教えられなくてもの「ても」が大事

一方、考え抜いたあとの質問は歓迎します。指導者は、解き方をすぐに教えるのではなく、関連のある問題を示したり、ヒントを出したりします。極端な場合は、答えそのものを示すこともあります。答えから類推して解き方がわかることがあるからです。

指導者が教えるかどうかは、生徒がこの先の教材を、自分の力で進んで行けるかどうかで決まります。教えることで、考えて自力で進むようになると確信が持てれば、喜んで教えます。逆に、質問に答えず復習を勧められるとしたら、それは、生徒ができることをやり尽くしていないという指導者のメッセージです。

実際、指導者は、教えっぱなしにしません。生徒がその先を自分の力で進んで行けるようになっているかどうか必ず確認します。

子どもの字が乱雑になる

字が乱雑になる原因

公文式は時間を重視するので、生徒はプリントを急いで仕上げようとします。また、かなりの量の文字を書かなければならないため、書くことを面倒に感じて、字が乱雑になってしまうことがあります。

質問対応にも様々なバリエーションが

教える基準

重要なポイント

手が疲れることも

手指力が十分でないと、字形をコントロールして書くこと自体が難しいのです。

幼児期に体験するぐちゃぐちゃ描きの効用は侮れません。この経験を十分積むことで、腕全体の大きな動きから始まって指先の小さな動きまで、だんだんコントロールできるようになります。遊びの中で自然に身につける力です。

線を自在に引く練習

誰でも楽しみながら字形を改善できる練習を紹介します。

白紙を一枚用意します。チラシの裏でも、画用紙でもかまいません。その紙に平行線を引く練習をします。練習は次の三つだけです。

一つめの練習は、上から下へ向かうまっすぐな直線を引くことです。一本めの直線の右側に、二本めの直線を平行に引きます。平行線ですから、同じ幅を保つように気をつけます。

線はそれほど長くなくてかまいません。机に触れている掌の位置を動かさないで引ける長さが目安です。大体三センチ以内でしょうか。あとは同じ作業を繰り返し、平行線を一〇本程度引きます。

次に、平行線同士の空いているスペースを平行線で埋めていきます。一～二㎜

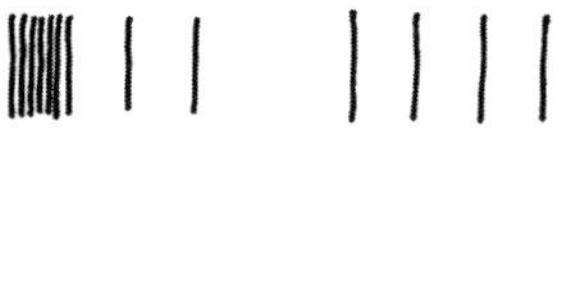

ぐらいの間隔で平行線が引ければしめたものです。

二つめは、同じ要領で、左から右へ真横に平行な直線をたくさん引きます。

三つめは、左下から右上に向かって斜め上に伸びる平行線をたくさん引きます。

子どもだましのように思われるかもしれませんが、やってみると愉快で、大人もはまります。そのうえ効果があります。めざすのは美しい平行線を引くことです。直線の三パターンしか練習していないにもかかわらず、手指のコントロールがしやすくなります。

勉強を始めるときの準備運動にすることも可能です。プリントの余白を使ってもかまいません。トレーニングというより遊び感覚でやります。

いろいろ試してみたければ、直線だけでなく曲線にチャレンジすることもできますが、基本は上記の三パターンだけで十分です。

美術の授業みたい

コラム8　指導の空回りを心配

一人ひとりの「ちょうど」をしっかり見極め、世間に対して「これが公文式が育てた生徒である」と自信を持って示せなくてはなりません。つまり、進度は上がったが、相応の学力はついていなかったなどという「空回り」の指導は決してあってはならないということです。

（一九九四『やまびこ』一四七号）『公文式の原典』二二四頁

指導法の研究や教材改訂により、生徒の進度は全般にあがってきました。公は、子どもたちが＊進度上位者懇談会＊で示す成果に毎回のように驚き、どこまで伸びるか予想もつかない成り行きに喜びます。

一方、懸念も生じてきました。素晴らしく能力を伸ばし続けている例があるかと思えば、進度上位者懇談会に招待されるような生徒のなかにも、その後の学習が停滞する例が見られたのです。「ちょうどの学習」を続けて能力を開花させたはずのトップレベルの生徒たちのなかに、まだ学力が安定しない例がある。進度があがるとともに能力もあがってきて、学習が楽に進められるようになっている

高進度の事例も増えてきた

期待に応えようと無理しすぎたか

はずなのに、進度よりかなり下のレベルから復習をしなければならないようなケースがある。公は、生徒の進度と学力が釣り合っていない「指導の空回り」を心配します。

＊全国の最高進度の学習者一〇名を招待して、公文式学習法の成果を共有するイベントがおこなわれていた時期がありました。

特別研究生の試みで乗り越えようとした
教室と宿題の進み方を別にし、教室は一直線に進ませる

３回学習が苦しくなってきたときには、進度を１００枚下げたところから教室で５枚を、また家庭では教室よりさらに５０枚下げたところから３週間で連続１００枚の学習をする特別研究生にする。

（一九九五『やまびこ』一五一号）『公文式の原典』一三一頁

特別研究生は、進度と学力が釣り合わなくなるのを防ぐ試みです。学習の調子が下がる前に順調な学習が維持できるよう復習を設定します。やり方は以下の通りです。

教室と宿題の進度は別々に記録する

公文式教材は一教材二〇〇枚で構成され、一番から二〇〇番まで番号が振られています。今の進度が仮にD一番だとすると、教室では一〇〇枚下げたC一〇一番から始めます。一旦スタートしたら、教室では進度を戻すことなく毎回五枚ずつ学習します。

宿題は、教室からさらに五〇枚下げたC五一番からスタートし、毎日五枚ずつ、三週間経つと、教室では六回（二回／週×三週）学習しますから、C一〇一から三週間（二〇日で計算）を一区切りとして、合計一〇〇枚を一直線で学習します。

次の三週間めは、教室ではC一三一から取りかかり、宿題は教室より五〇枚下げたC八一からC一三〇まで進み、宿題はC五一からC一五〇まで進みます。

このやり方を続けると、ほとんどの教材を四〜五回学習することになり、十分な復習回数が確保されます。

教室では一回に五枚ずつ学習するので、一か月を四週とみて月間四〇枚、年間では四八〇枚進むことになります。数学の一教材は二〇〇枚ですから、年間で二教材以上進む計算です。二教材というのは、二学年分進むことを意味します。

高進度にもかかわらず調子を落としてしまった生徒も、特別研究生の対象になります。進度が高いということは、かなりの期間公文式学習を続けている可能性

ややこしくてわかりにくい？申し訳ない

が高いので、進め方には慣れています。復習回数は一律に決まってしまうものの、十分に復習することで、無理なく進んで行くことが期待できます。

苦肉の策

ある先生が「特別研究生が本当の〝ちょうどの学習〟で、今まではちょうどではなかったのですね」とおっしゃっていました。私は、「特別研究生は、進度に見合ったキッチリした学力をつけていくためのものであるが、指導する側から見れば、あくまでその子どものちょうどを追求して、空回りのない下手なりに固まらない指導のためのものである」とくり返し述べています。特別研究生は、その精神において公文式指導の基本であるといえます。

（一九九五『やまびこ』一五二号）『公文式の原典』二三一‐二三三頁

全国のトップテンに入るなら、かなりの学力があることは間違いありません。しかし、到達した進度相当かというと、苦しくなっている生徒がいるのも事実です。公は、学力のことだけを気にしているのではありません。一番気にしているのは、それらの生徒に自立した自習力が備わっていないことを心配しているのではないか。もしかしたら、ちょうどの学習になっていなかったのではないか。公はそう

無理な進め方を避けようと

このときの指導者の表情は？

問いかけています。

今まで追求してきた「ちょうどの学習」は「ちょうど」ではなかった。復習回数が一律の特別研究生のやり方こそが「ちょうど」だというのです。まるで禅問答のようです。公が推し進めてきたことと矛盾します。個人別にちょうどの学習を続ければ、進度相応の学力がつくだけでなく、自習力も身につくというのがもともとの主張だったはずです。

「精神において公文式指導の基本」といういい方は微妙です。精神は、目で見ることができません。目に見える指導は公文式に見えないもしれないが、心の中では公文式と思って指導するということでしょうか。かなり苦しい主張に思えます。

特別研究生については、これ以上の情報がないので私には公の真意がわかりません。

今まで大事にしてきた基本方針を変更してまでも試してみたいことがあったのでしょう。「ちょうど」の判断を見直したかったのかもしれません。書きぶりからは、そのように受け取れます。しかし私は、なぜかすんなりとは納得できないのです。

梯子を外されたよう

こう言われると返す言葉が見つからない

宿題が教室の進度を追い越すことが

公文式の学習では、新しい課題に入るプリントは教室で取り組むように準備されるのがふつうです。通常、宿題は教室学習の復習に当たるプリントが用意されます。宿題が、生徒にとっての「ちょうど」を超えてしまうのを避けるためです。

ところが、特別研究生のやり方だと、指導者のいないところで初めての課題に取り組むことが起こります。先ほどの例をみると、最初の三週間で教室はC一〇一から一三〇まで、宿題はC五一から一五〇まで進みます。宿題が教室分を二〇枚だけ追い越すのです。次の三週間に入ると、宿題は、また五〇枚下げて復習に入るのですが、三週間が終了するたびに宿題が教室分を追い越し、その中に新しい課題が含まれる可能性が生じます。

特別研究生を始めた当初は、進度自体を少し下げるので、宿題が教室を追い越したとしても、宿題で初めてのプリントをやるわけではありません。しかし、やがては宿題で、初めての課題をやるときが訪れます。指導者による進度調整が不要なくらいの強靭な自習力が育っていないと乗り越えられません。

三週間ごとに初めてのプリントに出合う

自習力が頼り

特別研究生の真のねらい
さらに自習力を高めるため？

自習力が育ってきたら、その力を信じて、指導者から離れたところで未知の世界に挑む経験をさせる方がいい、と公は考えたのではないでしょうか。あくまで推測ですが。指導者が先回りして生徒の心配をするより、実際に自習で未知の分野を進む経験を積ませる。指導者のサポートがなくても自習で進める経験を重ねてほしかったのかもしれません。

さらに推測を続けると、公は、どんな指導をすれば、より自習力が育つか試してほしかったのではないでしょうか。不調になりそうだから特別研究生にするというより、いずれ特別研究生にすることを見越して、ずっと手前から自習力を強化する。つまり、特別研究生を目標に自習力を強靭にする。理想をいえば、もう特別研究生にしなくてもいいくらいの自習力をめざす。

突然の思いつきではない

親がきちんと監督してくれるようなら、＊1日2枚＊（特別の場合は3枚）1ヵ月分ずつ宿題を渡すような方法をとることもよいと思います。毎回教室で渡す手間が省け教室では1回4枚をほとんど100点で早く書きあげてく

そのための「ちょうど」を追求せよと

お願いごとが多い

れるなら、親の熱心さを活用した効果的な学習だと思います。

例1　小学2年生A君、3月末C 150かなり優秀。
3月末に宿題をC 151〜D 10まで60枚、1日2枚分として渡す。60枚は自宅で採点してもらい、教室には持って来ない。教室では他に宿題は渡さない。4月末に渡す宿題は、教室での状態をみて、または親と相談して次のプリントを渡すこととします。
（一九七七『山彦』三七号）『公文式の原典』六四頁

＊当時は学習枚数が少なく、五枚学習は標準ではありません。

『やまびこ』で、初めて特別研究生について取り上げた一九九四年より、一七年前の巻頭言です。後年、公が提唱する特別研究生とよく似ています。少しわかりにくいですが、A君の教室の進度は三月末C一五〇です。教室で毎回四枚月八回学習すると、四月末の教室の進度はC一八二になります。一方、宿題はD一〇までを渡すと書いているので、宿題で教室より先の教材をやる計画のようです。相当優秀な生徒という条件つきですが、公はすでにこの時期に、宿題の進度を教室より先にする指導を思いついています。

保護者の理解と協力が必要

特別研究生で試したかったのはこれか？

「親がきちんと監督してくれるようなら」と、ちゃっかり構えています。子どもを伸ばすために、協力してもらえることは何でもお願いするという考えです。このやり方は効果が期待できるので、社員にも研究を進めるよう指示を出した記録が残っています。

特別研究生その後

公の提案に応える指導者が徐々に現れ、研究会として指導を見直すきっかけになるかと思われました。しかし、ある程度成果が見られたものの、特別研究生という指導法は、指導者・社員全員が参加する大きな運動にまでは至りませんでした。生みの親である公が他界したことがいちばんの原因でしょう。

また、学習枚数が落ちてきた高進度の生徒に一律の復習をさせることで学力の定着を図る方法は、個人別学習の原則と整合性がとれなくなりました。特別研究生のやり方に確信を持てない指導者や社員が、すぐには活動に加われなかったのです。

現在、公文の公式サイトに特別研究生という文言は見当たりません。『指導についての留意事項』に載せられていた特別研究生についての説明も、現在では削除されています。

心残り

手がかりが消えつつ

公文式教材が自習できるくらいで自習力があるといってはいけない。公文を離れても悠然と自習できる力を育てたい。公なら、特別研究生の実施結果をもとにどのように舵を切り、号令を発したか。その後を知りたかったと思うのは私だけではないはずです。

亡くなった子の歳を
数えるようなもの

七章　公文公が追い求めたこと

自立した自習力

自習の先にある自習精神

公文式の最も根本とするところは何であるかとなりますと、「自習しながらいくのだ」ということが、やはり一番でしょうね。

自習精神、自習していく精神の養成が「公文の心」ということになるのでしょうか。ならわずにいけるんだということ。「もっと自習でいけるんだ、まだまだ自習でいけるんだ」ということを、常に思っていることが大切です。

（一九八二『やまびこ』七五号）『公文式の原典』一二一頁

公文の理念を読むと、公文でいちばん大切なのは、個々の能力を最大限に伸ばすことによる社会貢献です。ところが公の心の中では、学習手段である自習も、それに劣らず大切な位置を占めています。公の発言を追っていくと、自習は単な

自習精神・公文の心
とは大仰な気もする

る手段におさまるものではないと思えてきます。自習に対する思い入れがふつうではありません。「自習精神の養成が公文の心」だといい切っています。「もっと自習でいけるんだ、まだまだ自習でいけるんだと常に思うことが大切」というのは、公文式教材を学習することだけを指しているのではありません。公文式を離れても自習で進んでいくことを表しています。公文式教材には限りがありますが、個人の可能性の追求に限りはないからです。

それぞれの子どもがどこまで伸びるのか誰にもわかりません。伸びる速さやタイミングもわからない。だからこそ、自分で自分を伸ばす方法を身につけることに大きな意味があります。公は、自分の能力を最大にする方法を一人ひとりに持たせたかったに違いありません。公は、自習の先にあるものに目を向けています。

卒業後に活きる自習力

公文ばかりを頼ってないで公文はある程度やってくれたら卒業してください。そして、子どもたちは、自分がこれから何をやったらいいのかを発見して、自分で自分の道を切り開いていって欲しいものです。

（一九八四『やまびこ』八七号）『公文式の原典』一四〇頁

自習の先に「自分で自分の道を切り拓いていくこと」を見据えています。学年を越えて進んだ経験を活かして、最終的には、自立した自習力を身につけてほしい。自立した自習力とは、公文を離れても自習を続けられる力のことです。

引用に出てくる「ある程度」は、到達した進度や学習期間で測るものではありません。「公文式教材を使わないでも学習を続けられる自習力が備わったら」、つまり「自立した自習力が備わったら」という意味です。

「これから何をやったらいいかを発見して」という文章からすると、これから何をやればいいかを自分で判断できるようになったら、自立しているとみていいのではないでしょうか。今までの学習成果よりはるかに大きな飛躍です。

自立した自習力を得るとどうなるか

早い段階で進む道を決めて迷わず邁進する人がいるかと思えば、高校生、大学生、社会人と進むにつれて進路を変える人もいます。理系から文系へと転じる文転や、逆に文系から理系に変更する理転などが典型例です。文転・理転のように大幅な変更でなくても、何らかの進路変更を経験する人は少なくないでしょう。

自立した自習力を身につけた公文式の卒業生には、進路変更後の分野でも活躍を始める例が多い気がします。自立した自習力が備わると、新しい分野をどう学

免許皆伝

振れ幅が大きい

んでいけばいいのか自ら見当がつきます。自分の希望に合わせて将来を決めることができます。やりたいことの選択肢が格段に広がるのです。

ＫＵＭＯＮ公式サイトのＯＢ・ＯＧインタビューでは興味深い例が見つかります。大学で文系・理系両方のコースを学んだのちロボット開発に携わるようになったり、サイエンスを正しく楽しく伝えるために、医学部を卒業してからＣＧクリエイターに転身したり。

＊指導者研究大会＊でも、公文の修了生の活動がよく紹介されます。製薬会社で新薬の開発に携わっていた研究者が一転して弁護士資格を取得したり、国語の修了生が医者になり、その後、子育て中の母親を支援するＮＰＯを立ち上げたり。活躍の場は、もともと自分が専門としていた分野にとどまりません。

どうしてそんなことが可能かといえば、新しい分野でも、自分に合った学び方を見つけ出すことができるからです。学んだ科目だけでなく、どんな分野に進んでも対処する方針を立てることができる。これが、自立した自習力の効果です。

＊指導者が、指導実績や自主的な研究活動を互いに共有する集まりです。

卒業後も手当たり次第

人間の知恵は、教え込まれたことよりも、自分から手あたり次第にやったことで育つものです。「1日も早く高い手あたり次第ができるようにして、子どもを解放してやり、自分の力だけでやっていけるようにしてやりたい」これが私がこの仕事を始めた1番の願いです。

（一九八四『やまびこ』八七号）『公文式の原典』一四〇頁

「人間の知恵は、教え込まれたことよりも、自分から手あたり次第にやったことで育つ」とは、人を頼らず自分で学んでこそ身につくという意味です。自分から動いて、自分の力でやっていく力をつける。「手あたり次第」という表現が痛快です。「子どもを解放してやり、自分の力だけでやっていけるようにしてやりたい」というくだりは、公が自分の子ども時代を思い浮かべて書いているかのようです。

簡単には身につかない

単に学力だけでなく、いろいろな能力が育たないことには、自分の力だけで先に進むことはとてもできません。このことが、自主学習のむずかしさであり特長でもあります。公文式は学力以外のやる気・集中力・自信・余裕といった能力をもいかに育てるか、という点に於いてこそ誇れるものです。

自分を恃みにする

解放宣言

（一九八四『やまびこ』八五号）『公文式の原典』一三六頁

自分の力だけで先に進むには、「自立した自習力」が備わってこなければなりません。それには、やる気・集中力・自信・余裕などの能力が育つ必要があるといっています。これらの力をまとめていえば、精神的に成長することです。

教材の進度と精神的な成長は、ある程度バランスがとれていなければなりません。公文式教材も高校レベルになると、精神的な成長が伴わないと自習で進むことが難しくなります。成熟度が低いまま進度があがってしまうと、教えてもらうことが多くなり、自立した自習力に結びつきません。

しかし、バランスに気を使いすぎるのもよくありません。進度が先行したことが刺激になって成熟を促すこともあるし、逆に精神的に成長した結果、進度があがるというケースもあるからです。

教材学習と精神的成長のレベルが乖離しすぎず、刺激し合いながら自習が進められるよう、指導者は神経を使います。

バランスを欠くと苦しくなることが多い

常に両方に気を配る

自立に的を絞る

自立に焦点を合わせる

一九八六年、『指導についての留意事項』の本文に「自立」という言葉が登場します。「公文式教育は子どもが自立していくことをめざす」という趣旨の表現が入ったのです。以降、現在に至るまで、この文言は『留意事項』の先頭に掲げられています。「自立」が、公にとっても公文教育研究会にとっても最重要のキーワードであることを示しています。

公文式は、ただ単に数学の成績を上げるためだけの学習ではありません。数学の学習を通じて自習する経験と方法を学ぶことによって、他人からいちいち教えられなくても自分が学ぶべきことを自主的に学習していける力を養うことができます。自立した人間になるための学習法なのです。

（一九九四『やまびこ』一四九号）『公文式の原典』二二七頁

公本人が「自立」について言及した文章です。

「自立」デビュー

ところが、意外なことに公は、『やまびこ』の中で「自立」という言葉をあまり使っていません。一九九〇年以降に数回出てくるだけです。『指導についての留意事項』の取り上げ方に比べると、意外なほど控えめです。

親子で自立を推進

学力的な自立をどう付けていくのかということを考えてスタートしたのが公文式なのです。

（一九九四年六月社長講座）『明日への序曲』三九頁

一方、公の後を継いで社長を務めた長男の毅は、「自立」という言葉をよく使いました。この講演会でも「公文式は学力的な自立をどうつけるかを考えてスタートした」と述べています。スタート時の構想を父親から聞かされていたのかもしれません。

父は「自分は、数学の学力をここまで付けて、学力的な自立をさせてやったのだから、あとは自分できめてやりなさい」というふうなことを宣告してくれたのです。

謎めいて

自立を旗印に

宣告とは重々しい

（一九九四年一一月社長教育講演会）『明日への序曲』五六頁

同じ年の別の講演会では、学力的な自立ができたので、あとの学び方は自分で考えるように父親からいわれた話を披露しています。

以上が公文式誕生までのお話だったのですが、私はこの中に教育のエッセンスが結構つまっているのではないかと思うのです。まず一つが、子どもを自立させていくということが教育の原点になっていることです。

（同前）五八頁

私どもで勧めている公文式の教育法についても、子どもを自立させるという考え方の中では、どうなのかという目でご覧いただくことをお願いして、私の話を終わらせていただきます。

（同前）六七頁

同じ講演会のなかで、公文式と「自立」について熱を込めて何回も語っています。学習者の経験を通して、毅がいちばん訴えたい特徴は「自立」でした。公が

長男の毅は自立こそが公文式の真骨頂と

行き着いた先が「自立」であり、そのことを長男が後押ししているように見えます。

開かれた公文式

公文式百家争鳴

社内で何か意見を述べると、「それは公文式ではない」といわれることがあります。私も何回かいわれたことがあります。

創始者なら公文式かどうかの判断ができるのかもしれませんが、当の本人も公文式学習法をはっきりとは定義していません。公は「公文式はわかりにくいものだ」として、「子どもから学ぶことに尽きる」といういい方しか残していません。

加えて、「子どもから学ぶことに終わりはない」と書いているように、いつまでたっても子どもから学び尽くすことはないのです。「子どもから学び続ける」という鉄則以外に、公文式学習法を端的にいい表す方法はありません。

積極的な定義がないので、社員や指導者は、残された手がかりからそれぞれ自分のお気に入りの公文式を思い描いています。そのため、様々な公文式がにぎやかに同居しています。私が書いているこの文章も、その「にぎやかし」の一つです。

公は将来いろいろな議論が巻き起こるのを予想し、いろんな公文式が存在する

二人三脚

洗礼受けた人は多い

公文式のデパート

可能性を案外楽しんでいたのかもしれません。

そう考えると、公の創造した公文式は、自由で開かれている気がします。学問の世界と同じで、より有効な考え方への道が常に開かれているのです。公文式ではないと頭から否定するのではなく、やってみて、本当に能力を伸ばす方法や、本当に自習力がつく手段を選ぶ方が理に適っています。

公の真意

「自」という言葉に対するこだわり

当然のことですが、公が公文式を通じて訴えたかったことが、本人の残した文章に繰り返し登場します。特に指導者向けに書かれた『やまびこ』では、その傾向が顕著です。

いくつか拾い上げてみると、「読書」「自習」「ちょうど」「自信」「能力開発」「余裕」「個人別」「作業」「学年を越える」「集中力」などのキーワードが上位に並びます。なかでも「読書」「自習」「ちょうど」がベストスリーです。

まず子どもに5分間でも自習できるようにさせ、次に作業力をつけ、持続力、

「やってみなければわからない」

当然のこと

集中力をつける。そうすれば自主性、自立性がついてくる。
（一九九〇『やまびこ』一二二号）『公文式の原典』一八七頁

公の書いた文章を読んでいると「自」という文字を含む言葉が多いことに気づきます。「自習」「自信」「自学」「自主」「自立」などです。とりわけ、「自分」という言葉の登場回数が圧倒的に多い。公の「自」に対するこだわりが伝わってきます。自分は自分、自分以外の何者でもないという意識を強く感じます。

子どもに自信を持たせたい

人が学習していく上では、「自主性」も大事だし「自立」も大事です。しかし、「自主性」や「自立」が重要といわれて、ぴんとくる子どもや保護者がどれくらいいるでしょうか。「自主性」や「自立」は立派すぎて、子どもや保護者の気持ちに届きやすい言葉ではありません。

読み進めるうちに、公の真意は、もっとわかりやすい言葉で子どもを応援することだったのではないかと思い始めました。

子どもに自信を持ちうるようなものを身につけることはまことに大切なも

自分のことが好きだったのかも

立派すぎて引いてしまう

のです。

（一九六〇『やまびこ』二号）『公文式の原典』一六頁

ところで、私は最近、特長〈1〉の文章の中で「自信がつき、余裕ができ」るという部分が重要ではないかと考えています。あまり自信の持てない子どもにとって、数学でも英語でも国語でも、コツコツ学習していけば、自分の力できちんとできるという体験から自信を持つことができ、その自信を基盤として、学業だけではなく生活全般に余裕を持つことができます。これが貴重だと思うのです。

（一九九四『やまびこ』一四九号）『公文式の原典』二二七頁

『やまびこ』を見ると、「自主性」や「自立」という言葉は、掲載された時期が遅めです。それに対して、「自信がもてるようになる」ことが公文式の効果だと、執筆が始まった当初から最後まで一貫していい続けられています。子どもに対する応援のキーワードとして、「自信」という言葉が浮かび上がってきます。

自信オンパレード
ここにも
ここにも、ここにも

自主＝一九八〇初出
自立＝一九九〇初出
自信＝一九六〇初出

自信の拠りどころ

私たちはあくまで「悪いのは子どもではない」と信じるところから出発します。子ども一人ひとりの可能性を発見し、個人別にその子どもの「ちょうど」を学習させていけば、親や先生はもちろん、本人にとっても思いもおよばなかったような成長をとげることができ、「自分にはこんなにも可能性があったのだ」と自信を持つことができるのです。これが公文式の学習法です。

（一九九四『やまびこ』一四八号）『公文式の原典』二二四-二二五頁

先輩社員から聞いた話によると、公は、生徒にはルネ・デカルトの『方法序説』を読むようになってほしいと期待していたそうです。

実際、国語のO《オウ》教材には『方法序説』の一部が取り上げられています。また、続くP教材には、ポール・フルキエの『哲学講義』から題材が採られています。そして、哲学的な文章に慣れるために、P教材に入る前に『方法序説』を読了することが求められています。

デカルトが示した「自己」への徹底的なこだわりに共通点を見出したのでしょうか、公は、何につけても「私は私」という意識が強い。これが公文式の底流にある気がします。

刻もう「自分にはこんなにも可能性が」

方法序説にこだわり

「生徒に自信を与えたい。自信を持ってほしい」これこそが公の願いではないか。自信は、「みずから信じる」ことです。どんな状況にあっても信じる主体は自分です。この強烈で温かいエールの拠りどころは、「一人ひとりが違っている」ことを認めるところにあります。

自分のことを本当にわかろうとする人間は、自分以外には見つからない。自分で自分の面倒が見られるようになるためには、「あなた自身で考える。だから自分が信じよ」これが、私が理解した公の真意です。

自分の見方に自信があるわけではありません。公本人は苦笑いするかもしれません。「よくいうよ」「ぜんぜんわかってない」と否定するかもしれません。

それでも、この本の中から、みなさんにとって役立ちそうな見方が、一つでも二つでも見つかることを期待します。

自信する

叱られるかも

【参考文献】

創始者の発言は指導者向けの講座を中心に多くの記録が残っていますが、活字化されたものを引用するため、以下の三冊を参考にしました。

『やってみよう』―子供の知的可能性を追求して（一九九一）
『公文式の原典』―公文公会長『やまびこ』巻頭言全収録（二〇〇八）
『明日への序曲（明日へのプレリュード）』公文毅の示した道（一九九七）

おわりに

くもんをつかう

自習力をつけることが、一人ひとりの能力開発の後押しになると公は信じていました。そのために「ちょうどの学習」を追求して工夫を重ねました。公文式教材は「ちょうど」が実現しやすくなるよう設計されています。指導者は、生徒にとって「ちょうどの学習」になるよう教材を準備します。また、「ちょうど」になるよう必要に応じて指導を加えます。

しかし、周りがどんなに「ちょうど」を用意しても、生徒本人のぴったりになることはありません。必ず何らかのずれが残ります。最終的には自分で調整するしかありません。この調整力が自立した自習力を支えます。

新しい分野を学ぶとき、自分にとって「ちょうど」でなければ、細かく刻む、練習を繰り返す、必要な練習量を見積る、周辺の知識を増やすなど、何らかの手立てを求めて「ちょうど」を作り出さなければなりません。これができて、初めて自習で未知の世界を進むことができます。

自習のやり方を身につけるのは、公文式でなくてもかまいません。公文式は、

いつも教えないわけではない

微調整をすることで調整の仕方を学ぶ

あくまで選択肢の一つです。ただ、誰にとっても、どんな学習環境にあっても、自分の力を伸ばす機会を手に入れやすいという点では、公文式は大いに使えます。

何かを学びたければ教えてもらうのを待つ必要はなく、自分から行動を起こせることを、公は示しました。「学ぶ」ことに対する思い込みを払拭し、自学自習力をつけることを勧めたのです。

これにならって、公文式に対する思い込みを排し、リセットしたい。公の発言を吟味すると、公文式は、世間で貼られているレッテルにおさまるものではないとわかります。自分の意思で「くもんをつかう」人が増えてくれたら、こんなに嬉しいことはありません。

公が公文式の指導者向けに書き残した『やまびこ』からの引用が多くなったため、「生徒」に対する働きかけの記述が多くなりました。保護者のみなさんには、「生徒」を「子ども」と読み替えることで、保護者としてできることを考える参考にしていただければ幸いです。

公文に勤めたにもかかわらず、公文式のことをよく知らないまま定年を迎えたことが、気になって仕方ありませんでした。公文式学習法の創始者が何にこだわ

自習に移行しやすい工夫が施されている

目から鱗

宿題を忘れたようで

り続けたのかを、残された文章を手がかりに明らかにしてみようと思い立ちました。まとめるうちに、創始者が実現しようとして果たせなかったことや私自身の疑問にも触れることになりました。それは、私が公文式をどうとらえているのかを問うことでもありました。

この本を公文式学習法の創始者である故公文公会長、風変わりな親から会社を引き継いで新しい会社のあり方を模索し続けた故公文毅社長、入社の糸口を作ってくださった中学・高校時代の恩師である故中澤節子先生に捧げます。

話すことが苦手な私に人前で話す機会を設けてくださった公文式東伏見駅前教室・千石駅前教室の小林朝子先生に感謝します。先生が、生徒と保護者の会に引っ張り出してくださらなかったら、公文式について書こうとは思いませんでした。

ともすれば書くのを諦めたくなる私を励まし続け、話し相手になり、原稿にも目を通して感想を聞かせてくれた友人や家族にも感謝します。

ブーメラン

冷汗三斗

何度も投げ出して

笠　幸介（りゅう　こうすけ）

1951年　高知県宿毛市生まれ
東京大学法学部卒業
公文教育研究会に勤務後退職

①法人向け研修プログラムの開発・営業
②公文式直営教室の指導者
③英語速読事業の指導者サポート
④広報部門で子ども文化史料管理
⑤公文式通信事業の指導者サポートなどを経験

『くもんをつかう』は初めての著作

くもんをつかう

創始者の思いを推理する

2019年11月27日　初版第１刷発行

著　者　笠　幸介
発行所　ブイツーソリューション
〒466-0848 名古屋市昭和区長戸町4-40
TEL：052-799-7391 / FAX：052-799-7984
発売元　星雲社（共同出版社・流通責任出版社）
〒112-0005 東京都文京区水道1-3-30
TEL：03-3868-3275 / FAX：03-3868-6588
印刷所　モリモト印刷

万一、落丁乱丁のある場合は送料当社負担でお取替えいたします。
ブイツーソリューション宛にお送りください。

ISBN978-4-434-26780-2